卓永强

渔业船员培训系列教材

渔船电气

（轮机长、管轮）

主　编　许庭春　李　凯　许媛媛

主　审　张志斌

大连海事大学出版社

图书在版编目(CIP)数据

渔船电气：轮机长、管轮 / 许庭春，李凯，许媛媛主编. — 大连：大连海事大学出版社，2018.3(2025.3 重印)
渔业船员培训系列教材 / 卓永强主编
ISBN 978-7-5632-3625-1

Ⅰ. ①渔… Ⅱ. ①许… ②李… ③许… Ⅲ. ①渔船—船用电气设备—技术培训—教材 Ⅳ. ①U674.4

中国版本图书馆 CIP 数据核字(2018)第 049076 号

大连海事大学出版社出版

地址：大连市黄浦路523号 邮编：116026 电话：0411-84729665(营销部) 84729480(总编室)

http://press.dlmu.edu.cn E-mail：dmupress@dlmu.edu.cn

大连金华光彩色印刷有限公司印装 大连海事大学出版社发行

2018 年 3 月第 1 版 2025 年 3 月第 4 次印刷

幅面尺寸：184 mm×260 mm 印张：9.75

字数：234 千 印数：5001～6000 册

出版人：刘明凯

责任编辑：沈荣欣 责任校对：张 华

封面设计：解瑶瑶 版式设计：张爱妮

ISBN 978-7-5632-3625-1 定价：28.00 元

总 序

中国大陆海岸线长达18 000多千米，岛屿海岸线长达14 000多千米，管辖海域约为300万平方千米，属于海洋大国。中国海域蕴藏着丰富的资源，特别是海洋渔业资源，中国近海和外海鱼类最大持续渔获量约为735万吨。2016年我国渔业人口约为2016.96万人，其中传统渔民678.46万人，渔业从业人员1414.85万人。高素质的渔业船员队伍是实现渔业安全生产和渔业经济持续健康发展的重要基础。为适应海洋渔业资源开发形势的发展，规范全国渔业船员教育培训工作，推动《中华人民共和国渔业船员管理办法》实施，广东海洋大学组织在渔业船员培训领域有着丰富教学和培训经验的专家编写了此套"渔业船员培训系列教材"，并组织教学和实践经验丰富的航海类专业的教授、船长和轮机长对教材进行了审定，以提高培训质量，提高渔业船员的综合素质。

"渔业船员培训系列教材"的出版是渔业船员培训工作的一件大事，满足了广大渔业船员备考之需，对提高教学、培训质量和我国渔业船员整体素质具有积极作用，同时也对《中华人民共和国渔业船员管理办法》的实施起到了很好的推动作用。

在本套教材出版之际，我衷心希望广大渔业船员刻苦学习，认真实践，不断提高自己的文化和业务素质，为渔业生产安全和防止水域污染、保护海洋环境做出更大贡献。

在此，谨向参加教材编写工作的同志及为此付出过辛勤劳动的同志们表示衷心的感谢！同时希望大家继续为建设海洋强国而努力！

中国海洋学会理事长 张连增

2018年3月

内容提要

本书共分 4 章:第一章为渔船电子、电气基础,介绍了渔船涉及的电工电子技术的基本理论;第二章为渔船电机与电力拖动系统,介绍了渔船上的电机、变压器、控制电机、常用控制电路等;第三章为渔船发电机和配电系统,介绍了渔船上的发电系统、配电系统、照明系统;第四章为安全用电,介绍了渔船上的安全用电常识、火灾的预防、电气设备的安全使用和防护。

本书为渔业船员培训系列教材,也可供渔业监督管理机构和渔业船员培训机构人员学习参考。

前　言

为提高渔业船员培训质量，根据农业部颁布的《中华人民共和国渔业船员管理办法》和《农业部办公厅关于印发渔业船员考试大纲的通知》的要求，广东海洋大学组织在渔业船员培训领域有着丰富教学和培训经验的专家编写了本套"渔业船员培训系列教材"，并组织教学和实践经验丰富的航海类专业的教授、船长和轮机长对教材进行了审定。

在编写教材前，编者对渔业船员现状进行了调研。在准确把握渔业船员应具备的业务素质的前提下，本套教材的编写以应知应会的知识技能为基础，注重理论与实际相结合，强调船员对相关法律法规的学习与掌握。

本套教材作为渔业船员适任考试培训教材，能够满足渔业船员适任考试培训的需要，为船员的业务学习提供帮助，从而提高渔业船员整体素质。本套教材还可供渔业监督管理机构和渔业船员培训机构人员学习参考，以促进渔业监督管理水平和考前培训质量的提高。

本套教材分高级船员驾驶专业、高级船员轮机专业、基本知识及安全技能3部分，共10种。其中，高级船员驾驶专业包括《航海与气象》《渔船船艺与操纵》《渔船避碰与值班》《渔船船舶管理》4种教材，适合船长、船副适任考试培训使用；高级船员轮机专业包括《渔船动力装置》《渔船辅机》《渔船电气》《渔船轮机管理》4种教材，适合轮机长、管轮适任考试培训使用；基本知识及安全技能包括《小型渔船机驾》和《渔船基本安全》2种教材。本套教材由卓永强教授担任总主编，范少勇副教授、船长和余培文博士担任副总主编。

《渔船电气》由许庭春、李凯、许媛媛主编，其中，第一章和第四章由许庭春编写，第二章由李凯编写，第三章由许媛媛编写。全书由许庭春统稿。

本书由张志斌主审。

在教材编写过程中得到了渔政管理部门的领导和专家的关心和指导，相关渔政管理部门和渔业公司对教材编写也提供了大力的帮助和支持，在此一并表示衷心感谢！

由于编写水平有限，书中难免存在错误和疏漏，希望广大读者和专家批评指正。

编　者

2017年9月

目　录

第一章　渔船电子、电气基础

第一节　电路

为了某种需要而将电源、导线、开关和负载按一定方式组合起来的电流的通路称为电路。

电路的主要功能：

(1)进行能量的转换、传输和分配；

(2)实现信号的传递、存储和处理。

电路分析的主要任务在于解得电路物理量，其中最基本的电路物理量是电流、电压和功率。

一、电路基本物理量

1. 电流

(1)电流的定义

大量的电荷定向移动形成电流。

(2)电流形成的条件

例如：静电场中导体达到静电平衡之前有电荷定向移动；电容器充放电，用导体将电源两极相接。

①导体，有自由移动电荷，可以定向移动，同时导体也提供自由电荷定向移动的“路”，导体包括金属、电解液等，自由电荷有电子、离子等。

②导体内有电场强度不为零的电场，或者说导体两端有电势差，从而自由电荷在电场力作用下定向移动。

③持续电流形成条件：要形成持续电流，导体中场强不能为零，要保持下去，导体两端保持电势差(电压)。电源的作用就是保持导体两端电压，使导体中有持续电流。

导体中电流有强有弱，用一个物理量描述电荷定向移动的快慢，从而描述电流的强弱。

(3)电流强度

①定义：通过导体横截面的电量与通过这些电量所用时间的比值称为电流强度，简称电流。这样可以通过电荷定向移动的快慢来描述电流的强弱。

②表达式：

$$i=\frac{\mathrm{d}q}{\mathrm{d}t} \tag{1-1}$$

③单位：安培（A），毫安（mA），微安（μA）。

④性质：电流强度是标量。并联电路干路电流等于各支路电流之和，但电流是有方向的。（有方向的量不一定是矢量，是否为矢量关键看满不满足平行四边形法则）。

⑤电流方向的规定：正电荷定向移动的方向为电流方向，负电荷定向移动方向与电流方向相反。

正电荷在电场力的作用下，从高电势向低电势运动，所以电流是由高电势向低电势流动，在电源外部，是由电源正极流向负极。

（4）电流分类

按方向分成两大类：直流电和交流电。

①直流电：方向不变，如果直流电大小不变，就称为恒定电流，这是高中阶段电流知识的重点。

②交流电：方向随时间变化。

2. 电压

电压的形成：物体带电后具有一定的电位，在电路中任意两点之间的电位差，称为该两点的电压。

电压的方向：一是高电位指向低电位；二是电位随参考点不同而改变。

电压的单位是“伏特”，用斜体字母“U”表示。常用单位有千伏（kV）、伏（V）、毫伏（mV）、微伏（μV），1 kV = 10^3 V，1 V = 10^3 mV，1 mV = 10^3 μV。

电路中 a、b 两点间的电压定义为单位正电荷由 a 点移至 b 点电场力所做的功：

$$u_{\mathrm{ab}}=\frac{\mathrm{d}W_{\mathrm{ab}}}{\mathrm{d}q} \tag{1-2}$$

电路中某点的电位定义为单位正电荷由该点移至参考点电场力所做的功。电路中 a、b 点两点间的电压等于 a、b 两点的电位差：

$$u_{\mathrm{ab}}=u_{\mathrm{a}}-u_{\mathrm{b}} \tag{1-3}$$

电压的实际方向规定为由电位高处指向电位低处。可任选一方向为电压的参考方向，如图 1-1 所示。

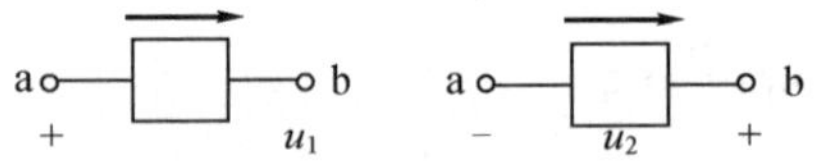

图 1-1　电压的实际方向与参考方向

例：如图，当 $u_{\mathrm{a}}=3$ V，$u_{\mathrm{b}}=2$ V 时，得到 $u_1=1$ V 而 $u_2=-1$ V。

最后求得的 u 为正值，说明电压的实际方向与参考方向一致，否则说明两者相反。对一个元件，电流参考方向和电压参考方向可以相互独立地任意确定，但为了方便起见，常常将其取为一致，称关联方向；如不一致，称非关联方向，如图 1-2 所示。

如果采用关联方向，在标示时标出一种即可。如果采用非关联方向，则必须全部标示。

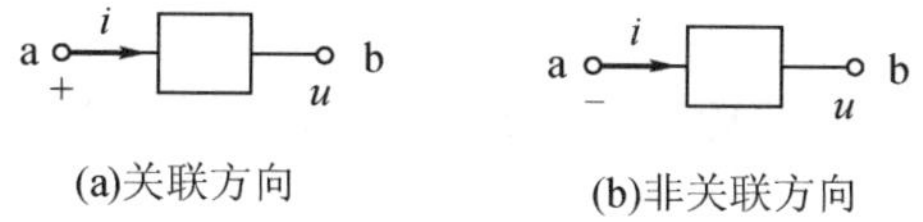

图 1-2 电流参考方向与电压参考方向的关系

3. 电位

(1)电位的定义

在电路中任选一点为参考点,则某点到参考点的电压就叫作这一点(相对于参考点)的电位。

(2)电位的表示

参考点在电路图中用符号“⊥”表示,在工程技术中通常选择大地、机壳等作为参考点。

(3)电位与电压的关系

两点间的电压就是该两点电位之差,电压的实际方向是由高电位点指向低电位点,有时也将电压称为电压降。

4. 电动势

(1)电动势的定义

一个电源能够使电流持续不断沿电路流动,就是因为它能使电路两端维持一定的电位差。这种电路两端产生和维持电位差的能力就叫电源电动势。

(2)电动势的单位也是“伏”,用斜体字母“E”表示。计算公式为

$$E = \frac{A}{Q} \tag{1-4}$$

该公式表明电源具备将其他形式的能转化成电能的能力,其中 A 为外力所做的功,Q 为电荷量,E 为电动势。

(3)电源内电动势的方向:由低电位移向高电位

电动势是衡量外力即非静电力做功能力的物理量。外力克服电场力把单位正电荷从电源的负极搬运到正极所做的功,称为电源的电动势。

$$e = \frac{\mathrm{d}W}{\mathrm{d}q} \tag{1-5}$$

电动势的实际方向与电压实际方向相反,规定为由负极指向正极。

5. 电阻

(1)电阻的定义

自由电子在物体中移动受到其他电子的阻碍,对于这种导电所表现的能力就叫电阻。

(2)电阻的计算方式

$$R = \rho \frac{l}{S} \tag{1-6}$$

其中:l 为导体长度;S 为截面积;ρ 为材料电阻率,例如,$\rho_{铜} = 0.017\ \Omega \cdot m$,$\rho_{铝} = 0.028\ \Omega \cdot m$。

(3)单位

电阻单位为欧姆,符号 Ω,且 1 Ω = 1 V/A。常用单位:1 kΩ = 10^3 Ω;1 MΩ = 10^6 Ω。

6. 电功率

电场力在单位时间内所做的功称为电功率,简称功率。

$$p = \frac{dW}{dt} \tag{1-7}$$

功率与电流、电压的关系:

(1)关联方向时

$$p = ui$$

(2)非关联方向时

$$p = -ui$$

其中:$p > 0$ 时为吸收功率;$p < 0$ 时为放出功率。

二、电路基本定律

1. 电路状态

(1)开路

开路也叫断路,因为电路中某一处因中断,没有导体连接,电流无法通过,导致电路中电流消失,一般对电路无损害。

(2)短路

电源未经过任何负载而直接由导线接通成闭合回路,易造成电路损坏、电源瞬间损坏,如温度过高烧坏导线、电源等。

(3)通路

能构成电流的流通,并形成闭合回路的电路(也就是电流能从电源正极流出,再从负极流进)称之为通路。通路是在电路中处处连通的电路。

2. 欧姆定律

(1)欧姆定律是表示电压、电流、电阻三者关系的基本定律。

(2)部分电路欧姆定律:电路中通过电阻的电流,与电阻两端所加的电压成正比,与电阻成反比,称为部分欧姆定律。计算公式为:

$$U = IR$$

(3)全电路欧姆定律:在闭合电路中(包括电源),电路中的电流与电源的电动势成正比,与电路中负载电阻及电源内阻之和成反比,称为全电路欧姆定律。计算公式为

$$I = E/(R + r_0)$$

其中:R 为外电阻;r_0为内电阻;E 为电动势。

3. 基尔霍夫电流定律(KCL)

电路中通过同一电流的每个分支称为支路。3 条或 3 条以上支路的连接点称为节点。

电路中任一闭合的路径称为回路。图 1-3 所示电路有 3 条支路,2 个节点,3 个回路。

(1)在任一瞬时,流入任一节点的电流之和必定等于从该节点流出的电流之和。

(2)在任一瞬时,通过任一节点电流的代数和恒等于零。

可假定流入节点的电流为正,流出节点的电流为负;也可以做相反的假定。

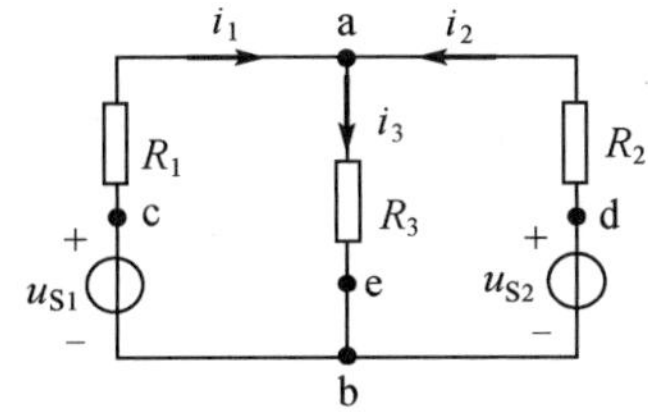

图 1-3　电路中的节点

例 1-1：如图 1-4 所示电路，求图中各节点的 KCL 方程。

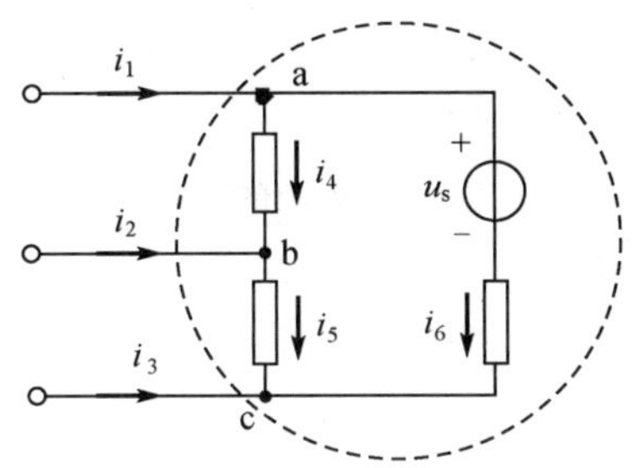

图 1-4　例 1-1 电路图

解：取流入为正，则

对于节点 a，$i_1 - i_4 - i_6 = 0$；

对于节点 b，$i_2 + i_4 - i_5 = 0$；

对于节点 c，$i_3 + i_5 + i_6 = 0$。

以上三式相加：$i_1 + i_2 + i_3 = 0$。　(1-8)

4. 基尔霍夫电压定律(KVL)

(1) 在任一瞬时，在任一回路上的电位升之和等于电位降之和。

(2) 在任一瞬时，沿任一回路电压的代数和恒等于零。

电压参考方向与回路绕行方向一致时取正号，相反时取负号。

KVL 通常用于闭合回路，但也可推广应用到任一不闭合的电路上。

例 1-2：列出如图 1-5 所示电路的 KVL 方程。

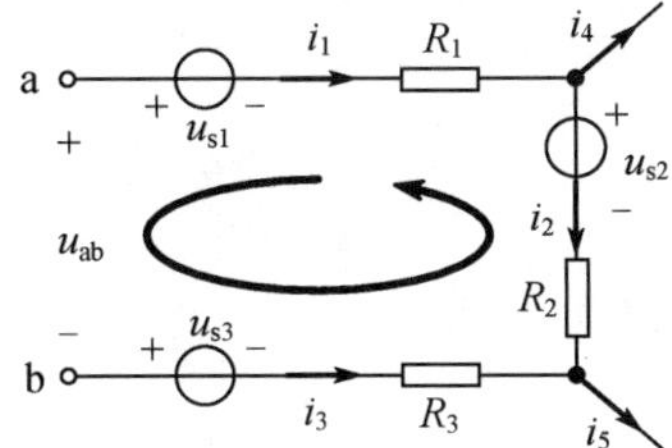

图 1-5　例 1-2 电路图

$$u_{ab} + u_{s3} + i_3R_3 - i_2R_2 - u_{s2} - i_1R_1 - u_{s1} = 0 \tag{1-9}$$

三、电路连接方式

1. 电阻的串联(见图 1-6)

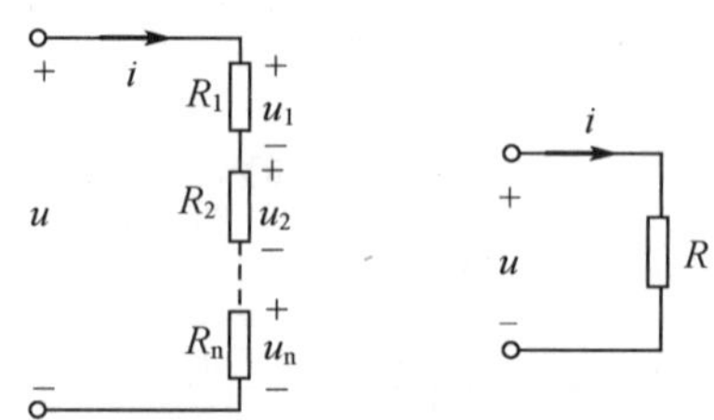

图 1-6　电阻的串联

n 个电阻串联可等效为一个电阻

$$R = R_1 + R_2 + \cdots + R_n \tag{1-10}$$

分压公式：

$$u_k = R_k i = \frac{R_k}{R} u \tag{1-11}$$

两个电阻串联时有

$$u_1 = \frac{R_1}{R_1 + R_2} u, u_2 = \frac{R_2}{R_1 + R_2} u \tag{1-12}$$

2. 电阻的并联(见图 1-7)

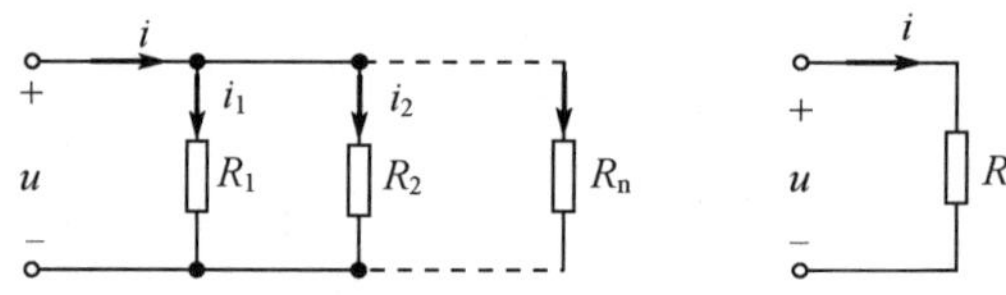

图 1-7　电阻的并联

n 个电阻并联可等效为一个电阻

$$\frac{1}{R} = \frac{1}{R_1} + \frac{1}{R_2} + \cdots + \frac{1}{R_n} \tag{1-13}$$

分流公式：

$$i_k = \frac{u}{R_k} = \frac{R}{R_k} i \tag{1-14}$$

两个电阻并联(见图 1-8)时，分流公式：

$$i_2 = \frac{R_1}{R_1 + R_2} i \tag{1-15}$$

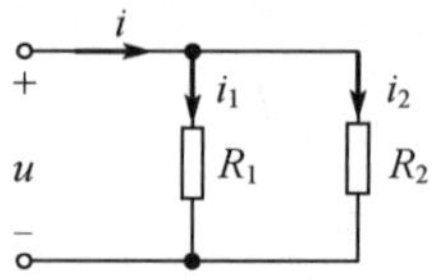

图 1-8　两个电阻并联的电路

第二节　正弦交流电路

一、正弦交流电的基本概念

1. 交流电路的基本概念

交流电(alternating current)的发明者是尼古拉·特斯拉(Nikola Tesla,1856—1943)。交变电一般指大小和方向随时间做周期性变化的电压或电流。它的最基本的形式是正弦电流。我国交流电供电的标准频率规定为50 Hz,日本等国家为60 Hz。

交流电随时间变化可以以多种多样的形式表现出来。不同表现形式的交流电其应用范围和产生的效果是不同的。其中以正弦交流电应用最为广泛,且其他非正弦交流电一般都可以经过数学处理后,化为正弦交流电的叠加。正弦电流(又称简谐电流)是时间的简谐函数。

当线圈在磁场中匀速转动时,线圈里就产生大小和方向做周期性改变的交流电。现在使用的交流电,一般频率是50 Hz。

我们常见的电灯、电动机等用的电都是交流电。在实用中,交流电用符号"~"表示。

电流随时间的变化规律,由此看出:正弦交流电需用频率、峰值和相位三个物理量来描述。交流电所要讨论的基本问题是电路中的电流、电压关系以及功率(或能量)的分配问题。由于交流电具有随时间变化的特点,因此产生了一系列区别于直流电路的特性。在交流电路中使用的元件不仅有电阻,而且有电容元件和电感元件,使用的元件多了,现象和规律就复杂了。

2. 交变电流的产生

(1)交变电流的产生

闭合矩形线圈在匀强磁场中,绕垂直于磁感线的轴匀速转动时,线圈中便产生感应电动势,因而有感应电流,这种感应电流就是交变电流。

(2)说明

①当线圈平面垂直于磁感线绕垂直磁感线轴转动时,各边都不切割磁感线,线圈中没有感应电流,这样的位置叫作中性面。

②当线圈从中性面开始匀速转动时,产生的正弦交变电动势和电流,电动势和电流的瞬时值分别为

电动势:$e=E_m\sin\omega t$,其中E_m为电动势的峰值。

电流:$i=\frac{E}{R}=\frac{E_m}{R}\sin\omega t=I_m\sin\omega t$,其中$I_m=\frac{E_m}{R}$为电流的峰值。

③线圈平面每经过中性面一次,感应电流的方向就改变一次,因此,线圈转动一周两次经过中性面,感应电流的方向改变两次。

④线圈平面在中性面位置时:

a. 磁感线与线圈平面垂直;

b. 磁通量Φ最大;

c. 磁通量变化率$\frac{\Delta\Phi}{\Delta t}=0$最小;

d. 电动势e和电流i均为零。

⑤线圈平面与中性面垂直时:

a. 线圈平面与磁感线平行;

b. 磁通量$\Phi=0$,最小;

c. 磁通量的变化率$\frac{\Delta\Phi}{\Delta t}$最大;

d. 电动势为最大值$E_m=I_mR$,电流为最大值I_m。

3. 交变电流的变化规律

正弦交流电是一种最简单又最基本的交变电流,家庭使用的交变电流就是正弦交流电。

(1)交变电流的电动势

线圈在匀强磁场中匀速转动。当线圈平面与磁感线平行,通过线圈的磁通量为零时,线圈两条边切割磁感线的有效速度最大,产生的感应电动势最大,这个值叫感应电动势的最大值(E_m)。

$$E_m=NBS\omega$$

式中:N为线圈匝数,B为磁感强度,S为线圈面积,ω为线圈切割磁感线转动的角频率。

当线圈通过中性面时开始计时,交变电流电动势瞬时值的表达式为

$$e=E_m\sin\omega t$$

(2)交变电流的瞬时值

$$i=\frac{e}{R+r}=\frac{NBS\omega}{R+r}\sin\omega t=I_m\sin\omega t$$

式中:R为外电路电阻;r为线圈电阻;I_m为电流最大值。

(3)交变电压的瞬时值

$$u=iR=\frac{NBS\omega}{R+r}R\sin\omega t=U_m\sin\omega t$$

式中:U_m为电压的最大值。

4. 表征交变电流的物理量

(1)最大值

交变电流的最大值是交变电流在一个周期内所能达到的最大数值。从交变电流的瞬时值表达式可知:电流最大值为$I_m=\frac{NBS\omega}{R+r}$;电压最大值为$U_m=\frac{NBSR\omega}{R+r}$。

(2)有效值

交变电流的有效值是根据电流的热效应来规定的,让交流电和直流电通过相同阻值的电阻。如果它们在相同的时间内产生的热量相等,就把这一直流电的数值叫作这一交流电的有效值。

正弦交流电的有效值与最大值的关系:$E=\frac{E_m}{\sqrt{2}}$,$I=\frac{I_m}{\sqrt{2}}$,$U=\frac{U_m}{\sqrt{2}}$。

值得注意的是:①在交流电路中,电流表、电压表的示数为有效值。②用电器的额定电压、

电流均指交流电的有效值,交流电功率 $P=UI$ 中 U 和 I 为有效值。③公式 $E=\frac{E_m}{\sqrt{2}}$,$I=\frac{I_m}{\sqrt{2}}$,$U=\frac{U_m}{\sqrt{2}}$只适用于正弦交流电,非正弦交流电的有效值的计算应按定义计算。

(3)周期和频率

①交流电完成一次周期性变化所需的时间,叫作交流电的周期,用 T 表示,单位是 s。

②交流电在 1 s 内完成周期性变化的次数,叫作交流电的频率,用 f 表示,单位是 Hz。

③周期和频率的关系为 $T=\frac{1}{f}$ 或 $f=\frac{1}{T}$。

④我国工农业生产和生活用的交流电,周期是 0.02 s,频率是 50 Hz,电流方向每秒改变 100 次。

二、交流电路中电阻、电感、电容元件

1.交流电路中的电阻

纯电阻电路是最简单的一种交流电路。白炽灯、电炉、电烙铁等所在的电路都可以看成是纯电阻电路如图 1-9 所示。虽然纯电阻的电压和电流都随时间而变,但对同一时刻,欧姆定律仍然成立,对纯电阻电路有:

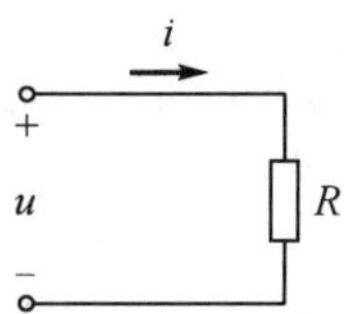

图 1-9　纯电阻电路

(1)通过电阻 R 的电流和电压的频率相同;

(2)通过电阻 R 的电流峰值和电压峰值的关系是根据欧姆定律:

$$u=iR$$

(3)电阻和结构参数的关系:

$$R=\rho\frac{l}{S}$$

ρ 为电阻率,表示材料对电流起阻碍作用的物理量。

电阻的能量:

$$W=\int_0^t ui\mathrm{d}t=\int_0^t Ri^2\mathrm{d}t\geqslant 0$$

表明电能全部消耗在电阻上,转换为热能散发。

(4)电阻元件的交流电路中电压与电流的关系

设 $u=U_m\sin\omega t$,则

$$i=\frac{u}{R}=\frac{U_m\sin\omega t}{R}=\frac{\sqrt{2}U}{R}\sin\omega t=I_m\sin\omega t=\sqrt{2}I\sin\omega t \tag{1-16}$$

2. 交流电路中的电感

描述图 1-10 所示电路中线圈通有电流时产生磁场、储存磁场能量的性质。

(1)电流通过一匝线圈产生的磁通为 Φ。

电流通过 N 匝线圈产生的磁通 $\psi = N\Phi$ 称为磁链。

电感 L:单位电流产生的磁链。

$$L = N \cdot \frac{\Phi}{i}$$

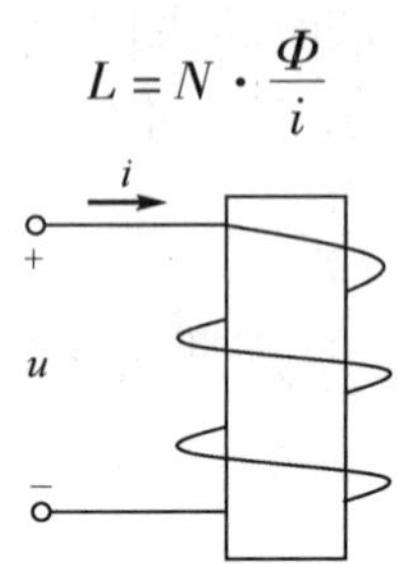

图 1-10　交流电路中的电感

上式表明线圈的电感与线圈的尺寸、匝数以及附近介质的导磁性能等有关。

(2)电感中的电压与电流的关系

$$u = -e_L = L\frac{\mathrm{d}i}{\mathrm{d}t} \tag{1-17}$$

设 $i = \sqrt{2}I\sin\omega t$,则

$$u = L\frac{\mathrm{d}(I_{\mathrm{m}}\sin\omega t)}{\mathrm{d}t} = \sqrt{2}I\omega L\sin(\omega t + 90°) = \sqrt{2}\sin(\omega t + 90°) \tag{1-18}$$

(3)电感的储能

$$W_L = \int_0^t ui\mathrm{d}t = \int_0^i Li\mathrm{d}i = \frac{1}{2}L \cdot i^2 \tag{1-19}$$

即电感将电能转换为磁场能储存在线圈中,当电流增大时,磁场能增大,电感元件从电源取用电能;当电流减小时,磁场能减小,电感元件向电源放还能量。

3. 交流电路中的电容

如图 1-11 所示,描述电容两端加电源后,其两个极板上分别聚集起等量异号的电荷,在介质中建立起电场,并储存电场能量的性质。

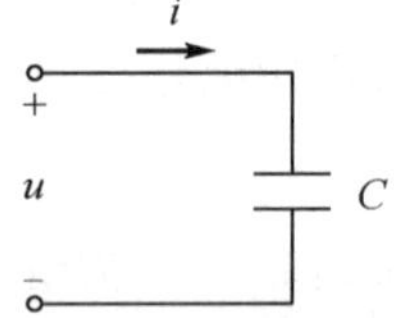

图 1-11　交流电路中的电容

(1)电容

$$C = \frac{q}{u}$$

(2)当电压 u 变化时,在电路中产生电流

$$i = C\frac{\mathrm{d}u}{\mathrm{d}t}$$

(3)电容元件储能：

$$W_C = \int_0^t ui\mathrm{d}t = \int_0^u Cu\mathrm{d}u = \frac{1}{2}C \cdot u^2 \tag{1-20}$$

即电容将电能转换为电场能储存在电容中，当电压增大时，电场能增大，电容元件从电源取用电能；当电压减小时，电场能减小，电容元件向电源放还能量。

4. 电感和电容对交变电流的影响

(1)电感对交变电流的阻碍作用：电感对交变电流的阻碍作用的大小用感抗表示。线圈的自感系数越大，交变电流的频率越高，电感对交变电流的阻碍作用就越大，感抗也越大。

(2)电容器对交变电流的阻碍作用：电容对交变电流的阻碍作用的大小用容抗表示。电容器的电容越大，交变电流的频率越高，电容器对交变电流的阻碍作用就越小，容抗也越小。这些都表明交变电流能通过电容器。

5. 总结

如表1-1所示为电阻、电感及电容电路的电量关系对比。

表1-1　电阻、电感及电容电量关系表

电路	电压和电流的大小关系	相位关系	阻抗	功率	相量关系
i, u, R	$U = IR$ $I = \frac{U}{R}$	$\dot{U}$, $\dot{I}$	电阻 R	$P = UI$ $= I^2R$ $= \frac{U^2}{R}$	$\dot{U} = \dot{I}R$
i, u, L	$U = I\omega L = IX_L$ $I = \frac{U}{\omega L} = \frac{U}{X_L}$	$\dot{U}$, $\dot{I}$	感抗 $X_L = \omega L$	$P = 0$ $Q_L = I^2X_L$ $= \frac{U^2}{X_L}$	$\dot{U} = \mathrm{j}X_L\dot{I}$
i, u, C	$U = I\frac{1}{\omega C} = IX_C$ $I = U_\omega C = \frac{U}{X_C}$	$\dot{I}$, $\dot{U}$	容抗 $X_C = \frac{1}{\omega C}$	$P = 0$ $Q_C = -I^2X_C$ $= \frac{U^2}{X_C}$	$\dot{U} = -\mathrm{j}X_C\dot{I}$

三、三相交流电源基本概念

1. 对称三相电源的产生

三相电路是由三相发电机提供的三相电源，三相发电机提供有效值相等、频率相同、初相互差120°的三个正弦电压。目前，我国生产、配送的都是三相交流电。

(1)由三相发电机产生的三个正弦电压表达式分别为：

$$u_{\mathrm{A}} = U_{\mathrm{m}}\sin\omega t$$
$$u_{\mathrm{B}} = U_{\mathrm{m}}\sin(\omega t - 120°)$$
$$u_{\mathrm{C}} = U_{\mathrm{m}}\sin(\omega t + 120°) \tag{1-21}$$

(2)三相感应电压用波形图和相量图分别如图 1-12、1-13 所示。

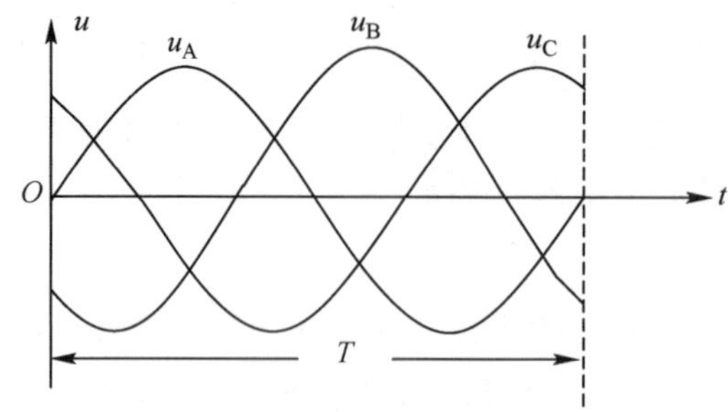

图 1-12 三相感应电压波形图

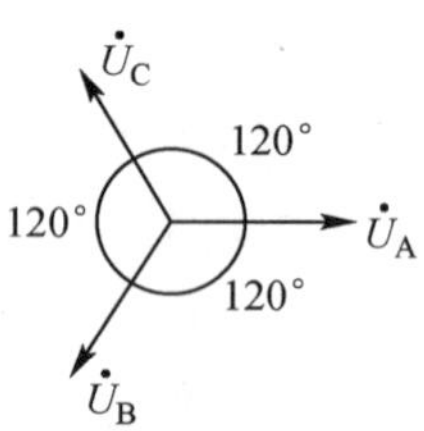

图 1-13 三相感应电压相量图

显然三个电压大小相等,频率相同,相位互差 120°。

我们把三个最大值相等、角频率相同、彼此相位互差 120°电角度的单相正弦量称为对称三相交流电。

(3)发电机感应的对称三相交流电压用相量可表示为:

$$\dot{U}_a = U_p \angle 0°$$

$$\dot{U}_b = U_p \angle -120°$$

$$\dot{U}_c = U_p \angle -240°$$

由对称三相电压的波形图和相量图可看出:

$$u_A + u_B + u_C = 0 \qquad (1\text{-}22)$$

$$\dot{U}_A + \dot{U}_B + \dot{U}_C = 0 \qquad (1\text{-}23)$$

对称三相交流电在相位上的先后顺序称为相序。我们把相序 A →B →C 称为正序或顺序;把 C →B →A 称为负序或逆序。电力系统中通常采用正序。

2. 三相电源联结方式

(1)三相电源的星形联结

如图 1-14 所示电源的联结方式称为星形联结,或记为"Y"联结。

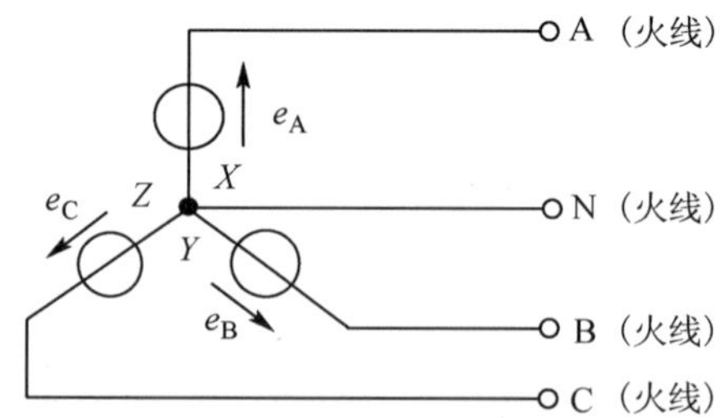

图 1-14 三相电源的星形联结

从连接图 1-14 中可以看出,电源以星形三相四线制向外供电时,可以向负载提供两种电压:火线与零线之间的相电压,火线与火线之间的线电压。

三个电源相电压总是对称的,而三线电压与相电压之间的关系为:

$$\dot{U}_{AB}=\dot{U}_A-\dot{U}_B=\dot{U}_A+(-\dot{U}_B)$$

$$\dot{U}_{BC}=\dot{U}_B-\dot{U}_C=\dot{U}_B+(-\dot{U}_C)$$

$$\dot{U}_{CA}=\dot{U}_C-\dot{U}_A=\dot{U}_C+(-\dot{U}_A)$$

显然三个线电压也是对称的。线电压和相电压的关系如公式(1-24)所示：

$$\begin{aligned}\dot{U}_{AB}&=\dot{U}_{AN}-\dot{U}_{BN}=\sqrt{3}\dot{U}_{AN}\angle 30^\circ\\ \dot{U}_{BC}&=\dot{U}_{BN}-\dot{U}_{CN}=\sqrt{3}\dot{U}_{BN}\angle 30^\circ\\ \dot{U}_{CA}&=\dot{U}_{CN}-\dot{U}_{AN}=\sqrt{3}\dot{U}_{CN}\angle 30^\circ\end{aligned}\qquad(1\text{-}24)$$

显然，线电压在数量上是与其相对应的相电压的$\sqrt{3}$倍，在相位上超前相电压 30°电角。

工农业生产和日常生活中，多数用户使用的电压等级通常是：$U_l=380$ V ，$U_p=220$ V。

(2)三相电源的三角形(△)联结

将三个电压源的首、末端顺次序相连，再从三个联结点引出三根端线 A、B、C，向外供电。这样就构成三角形联结，如图 1-15 所示。

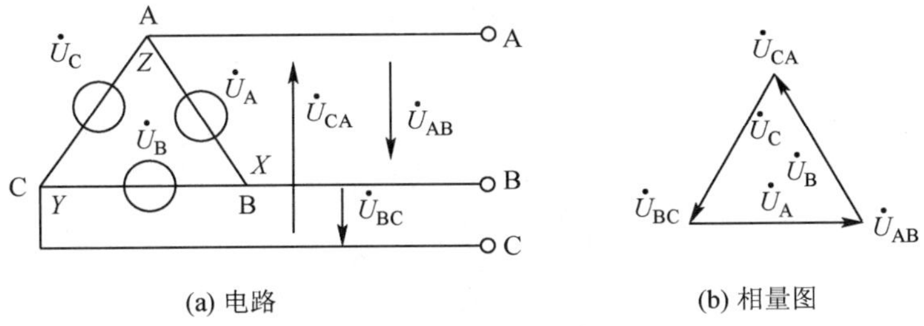

(a) 电路　　(b) 相量图

图 1-15　三相电源的三角形联结

三相电源的三角形联结时，三相电源的线电压等于电源绕组每一相的相电压。

$$\dot{U}_{AB}=\dot{U}_A\quad \dot{U}_{BC}=\dot{U}_B\quad \dot{U}_{CA}=\dot{U}_C$$

在电源的三角形联结方法中，没有中性线引出，因此采用的是三相三线制。这种联结方法不同于星形联结，在没有负载时，绕组本身就形成一个闭合回路。假如在该回路内的三相绕组产生的电动势不对称，或者把某一相绕组的端头接错，使其回路内的三个电动势向量之和不等于零，由于绕组回路的内阻是很小的，在这种情况下，回路内会产生相当大的电流，使绕组发热而损坏。所以，联结时不可将绕组接反。

四、三相负载的联结方式

1. 三相负载

按照三相阻抗是否相等，三相负载可以分成对称三相负载和不对称三相负载。有些三相负载，诸如三相电动机、三相电炉等的三相阻抗完全相等，属于对称三相负载。有些由单相电工设备接成的三相负载，如生活用电、照明用电负载，通常是取一条端线和由中性点引出的中线(俗称地线)供给一相用户，取另一条端线和中线给另一相用户，这样 3 条端线上的负载不可能完全相等，故属于不对称三相负载。

三相负载的联结方法与三相电源一样,也有星形联结和三角形联结两种。

(1)负载的星形联结(图 1-16)

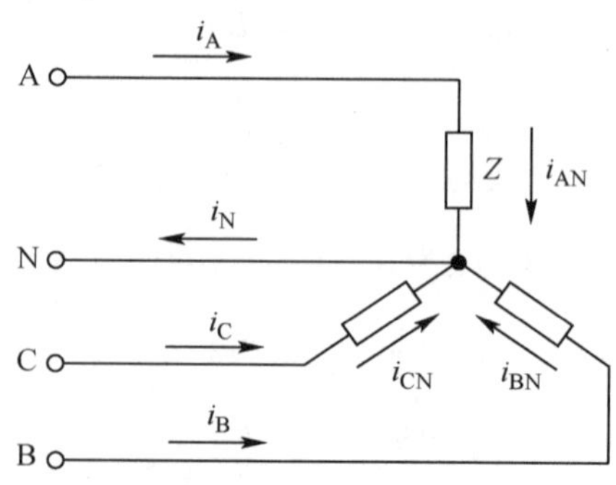

图 1-16　负载星形联结

星形联结电路特点:

①相电流等于线电流,中线电流

$$\dot{I}_N = \dot{I}_A + \dot{I}_B + \dot{I}_C = 0 \tag{1-25}$$

从电流的观点来看,三相电路对称时中线相当于开路。因此,在对称三相电路中,有无中线对电路无影响。

②线电压等于相电压乘$\sqrt{3}$,即

$$\dot{U}_{AB} = \sqrt{3}\dot{U}_{AN}\angle 30°$$
$$\dot{U}_{BC} = \sqrt{3}\dot{U}_{BN}\angle 30°$$
$$\dot{U}_{CA} = \sqrt{3}\dot{U}_{CN}\angle 30° \tag{1-26}$$

公式(1-26)表明:线电压领先于相电压 30°。

(2)负载的三角形联结(见图 1-17)

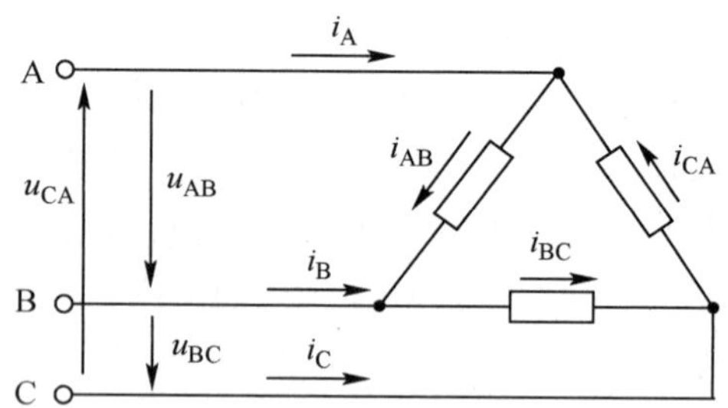

图 1-17　负载三角形联结

负载为三角形联结的对称三相电路,其三个相电流和三个线电流必然是对称的。设:

$$\dot{I}_{A'B'} = I_P\angle 0°, \dot{I}_{B'C'} = I_P\angle -120°, \dot{I}_{C'A'} = I_P\angle 120°$$

那么可以得到:

$$\dot{I}_A = \dot{I}_{A'B'} - \dot{I}_{C'A'}$$
$$\dot{I}_B = \dot{I}_{B'C'} - \dot{I}_{A'B'}$$
$$\dot{I}_C = \dot{I}_{C'A'} - \dot{I}_{B'C'} \tag{1-27}$$

从公式(1-27)可知，三相线电流也是对称的，在数值上是对应相电流的$\sqrt{3}$倍，在相位上滞后对应相电流30°电角。

线电压＝相电压：

$$\dot{U}_l=\dot{U}_p \tag{1-28}$$

2. 三相电路的功率

(1)三相总有功功率：

$$P=P_A+P_B+P_C \tag{1-29}$$

(2)负载对称时：

$$P=3U_pI_p\cos\varphi \tag{1-30}$$

因为星形联结时：$U_l=\sqrt{3}U_p$，$I_l=I_p$，而三角形联结时：$U_l=U_p$，$I_l=\sqrt{3}I_p$。

所以在负载对称时又有：

$$P=\sqrt{3}U_lI_l\cos\varphi \tag{1-31}$$

(3)对称三相电路的无功功率为：

$$Q=\sqrt{3}UI\sin\varphi \tag{1-32}$$

(4)视在功率为

$$S=\sqrt{P^2+Q^2}=\sqrt{3}UI \tag{1-33}$$

第三节　电与磁

一、磁场的基本概念

1. 磁路的概念

在工程上为了得到较强的磁场，广泛地利用了铁磁物质，在电机、变压器等设备中应用铁磁物质制成一定形状的磁场路径，使磁场主要在这部分空间内分布，这种磁场所通过的路径称为磁路。

如同电流流过的路径称为电路一样，磁通通过的路径为磁路，如图1-18所示。

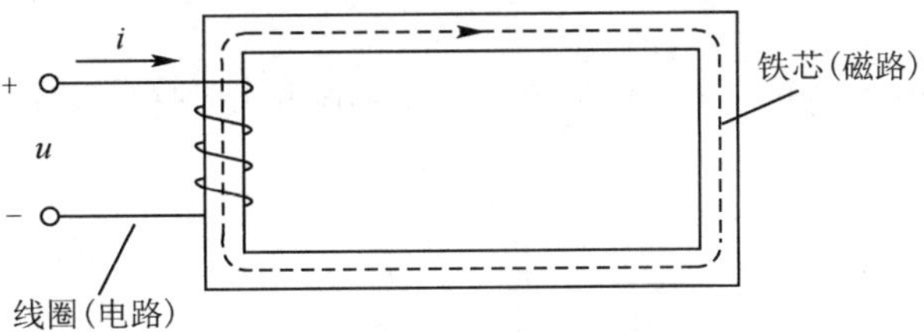

图1-18　磁路

由于铁芯的导磁性质比空气好得多，所以绝大部分磁通在铁芯中通过，这部分磁通称为主磁通，图 1-18 中的虚线所示。经过空气隙闭合的磁路为漏磁通。

用以产生磁路中磁通的载流线圈（电路）称为励磁线圈，其电流称为励磁电流（或激磁电流）。

磁力线是定性描述磁场的方法。磁力线上任一点的切线方向和该点处的磁场方向一致（右手定则）；磁场强的地方磁力线较密；反之，磁场弱的地方磁力线较疏。不同形状的电流所产生的磁场的磁力线如图 1-19 所示。

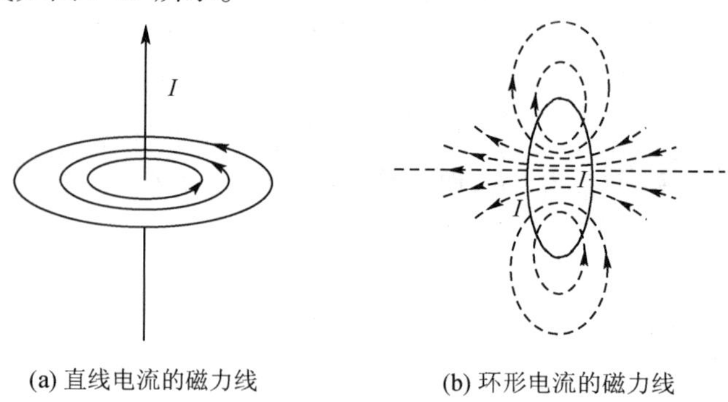

(a) 直线电流的磁力线　　(b) 环形电流的磁力线

图 1-19　电流产生磁场

2. 磁场相关的物理量

(1) 磁感应强度 B

定义：磁感应强度是表示磁场内某点的磁场强弱和方向的物理量，是个矢量。

它与电流之间的方向关系可用右手螺旋定则来确定，其大小可用公式 $B=\frac{F}{lI}$ 来衡量。（磁场内某一点的磁感应强度可用该点磁场作用于 1 m 长、通有 1 A 电流的导体上的力 F 来衡量，该导体与磁场方向垂直。）

单位：特斯拉（T），$1\ \text{T}=1\ \text{Wb/m}^2$。

如果磁场内各点的磁感应强度的大小相等，方向相同，则这样的磁场称为均匀磁场。

(2) 磁通 Φ

磁感应强度 B 与垂直于磁场方向的面积 S 的乘积，称为通过该面积的磁通 Φ，即 $\Phi=BS$ 或 $B=\frac{\Phi}{S}$。

磁感应强度在数值上可以看成与磁场方向相垂直的单位面积所通过的磁通，故又称为磁通密度。

根据电磁感应定律的公式：$e=-N\frac{\mathrm{d}\Phi}{\mathrm{d}t}$ 可知，在国际单位制（SI）中，磁通的单位是伏·秒，通常称为韦[伯]（Wb）。

(3) 磁场强度

磁场强度 H 是计算磁场时所引用的一个物理量，也是矢量。通过它来确定磁场与电流之间的关系，即 $\oint H\mathrm{d}l=\sum I$。上式是安培环路定律（或称为全电流定律）的数学表达式。它是计算磁路的基本公式。

$\oint H\mathrm{d}l$ 是磁场强度矢量 H 沿任意闭合回线 l（常取磁通作为闭合回线）的积分；$\sum I$ 是穿过该闭合回线所围面积的电流的代数和。电流的正负是这样规定的：任意选定一个闭合回线的围绕方向，凡是电流方向与闭合回线围绕方向之间符合右螺旋定则的电流作为正，反之为负。

$$\oint H\mathrm{d}l = H_x l_x = H_x \times 2\pi x$$

$$\sum I = NI$$

所以有

$$H_x = \frac{NI}{2\pi x} = \frac{NI}{lx}$$

其中，N 是线圈的匝数；l_x 是半径为 x 的圆周长；H_x 是半径为 x 处的磁场强度。

注意事项：磁场强度 H 与磁感应强度 B 的名称很相似，切忌混淆。H 是为计算方便而引入的物理量。

（4）磁导率 μ

磁导率 μ 是一个用来表示磁场媒质磁性的物理量，也就是衡量物质导磁能力大小的物理量。它与磁场强度的乘积就等于磁感应强度，即

$$B = \mu H$$

真空中的磁导率用 μ_0 表示，实验测得的 μ_0 为一常数。非铁磁性物质的 μ 近似等于 μ_0。而铁磁性物质的磁导率很高，$\mu \gg \mu_0$。磁导率的单位：H/m。

几种常用磁性材料的相对磁导率见表 1-2。

表 1-2　几种常见磁性材料的相对磁导率

材料名称	铸铁	硅钢片	镍锌铁氧体	锰锌铁氧体	坡莫合金
相对磁导率 $\mu_r = \mu/\mu_0$	200 ~ 400	7 000 ~ 10 000	10 ~ 1 000	300 ~ 5 000	$2\times10^4 \sim 2\times10^5$

二、电磁感应定律

1. 磁路的基本定律

磁路与磁场有什么关系呢？请看图 1-20。

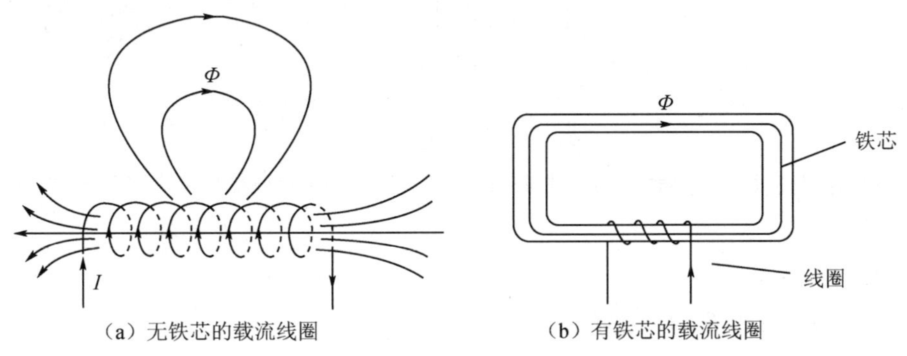

（a）无铁芯的载流线圈　　（b）有铁芯的载流线圈

图 1-20　铁芯对磁路的影响

在图 1-20（a）中，一个没有铁芯的载流线圈所产生的磁通量是弥散在整个空间的；而在图

1-20(b)中,同样的线圈绕在闭合的铁芯上时,由于铁芯的磁导率 μ 很大(数量级通常 10^2 ~ 10^6 以上),远远高于周围空气的磁导率,这就使绝大多数的磁通量集中到铁芯内部,并形成一个闭合通路。这种人为造成的磁通的路径,称为磁路。实质上,磁路就是局限在一定范围内的磁场,但与磁场问题相比,磁路问题则相对简单一些。除了前面介绍的有关磁场的物理量和定律外,磁路也有其基本定律。

(1)安培环路定律

$$\oint_l \vec{H} \cdot \mathrm{d}\vec{l} = \sum I$$

计算电流代数和时,与绕行方向符合右手螺旋定则的电流取正号,反之取负号。

若闭合回路上各点的磁场强度相等且其方向与闭合回路的切线方向一致,则

$$Hl = \sum I = NI = F \tag{1-34}$$

$F = NI$ 称为磁通势,又称为磁动势,单位是安(A)。

(2)磁路欧姆定律

$$\Phi = \frac{NI}{\dfrac{l}{\mu S}} = \frac{F}{R_{\mathrm{m}}} \tag{1-35}$$

式中:N 为线圈匝数;F 为磁通势;R_{m} 为磁阻,是表示磁路对磁通具有阻碍作用的物理量;l 是磁路的平均长度;S 为磁路的截面积。

意义:上式建立起 Φ 磁路物理量与电流 I 电路物理量之间的关系式。因而,其是综合分析磁路与电路问题的桥梁。

(3)磁路基尔霍夫定律

分支磁路如图 1-21 所示。

①磁路基尔霍夫第一定律

$$\Phi_1 = \Phi_2 + \Phi_3 \quad 或 \sum \Phi_{\mathrm{k}} = 0$$

②磁路基尔霍夫第二定律

$$NI = H_1 l_1 + H_3 l_3 或 \sum NI = \sum Hl$$

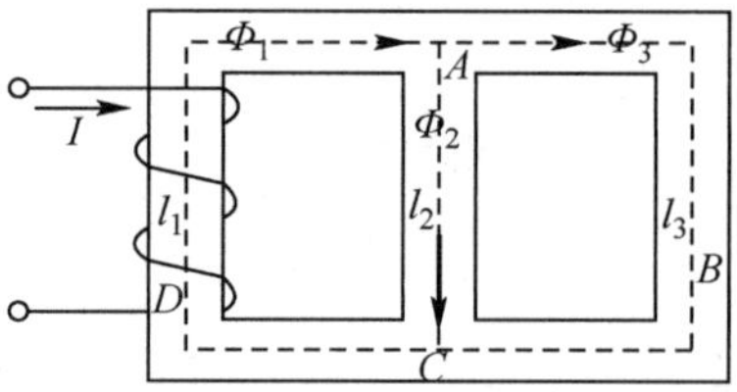

图 1-21 分支磁路

应用:磁路基尔霍夫两大定律相当于电路中的基尔霍夫两大定律,是计算带有分支的磁路的重要工具。

2. 磁路和电路的类比

表 1-3 示出了磁路和电路的类比关系。

表 1-3　磁路和电路的类比关系

磁路	电路
1. 物理量 磁动势 $F=\varphi R_m$ 磁通量 Φ 磁阻 $R_m=\frac{l}{\mu S}$ 磁导 $\Lambda=\frac{1}{R_m}$ 磁导率 μ	电动势 $E=IR$ 电流 I 电阻 R 电导 G 电导率 ρ
2. 基本定律 欧姆定律 $\Phi=\frac{NI}{\frac{l}{S\mu}}=\frac{F}{R_m}$ 基尔霍夫第一定律 $\sum\Phi=0$ 基尔霍夫第二定律 $\sum Ni=\sum_{k=1}^{n}H_k l_k$	欧姆定律 $I=\frac{E}{R}$ 基尔霍夫第一定律 $\sum i=0$ 基尔霍夫第二定律 $\sum e=\sum iR$

三、常用铁磁材料的分类、性能

自然界中有电的良导体，如各类金属材料；也有导磁性能好的材料，如表 1-4 中列举的铁、钴、镍、硅钢、合金等。按导磁性能的好坏，大体上可将物质分为两类：磁性材料（也称为铁磁材料）和非磁性材料，如表 1-4 所示。

表 1-4　磁性材料和非磁性材料

	磁性材料	非磁性材料
材料名称	铁、钴、镍及其合金	水银、铜、硫、银、金、锌、铅、氧、氮、铝、铂等

1. 铁磁材料的磁性能

（1）高导磁性

表 1-5　磁性材料

	磁性材料	非磁性材料
导磁性	$\mu_r\gg1$ 高导磁性，在磁场中可被强烈磁化	$\mu_r\approx1$ 不能被强烈磁化

为什么磁性物质具有被磁化的特性呢？因为磁性物质不同于其他物质，有其内部特殊性。我们知道电流产生磁场，在物质的分子中由于电子环绕原子核运动和本身自转运动而形成分子电流，分子电流会产生磁场，每个分子相当于一个基本小磁场。同时，在磁性物质内部还分成许多小区域；由于磁性物质的分子间有一种特殊的作用力而使每一区域的分子磁铁都排列整齐，显示磁性，这些小区域称为磁畴。在没有外磁场的作用时，各个磁畴排列混乱，磁场相互抵消，对外就显示不出磁性来。在外磁场作用下（例如在铁芯线圈中的励磁电流所产生的磁场的作用下），其中的磁畴就顺外磁场方向转向，显示出磁性来。随着外磁场的增强（或励磁电流的增大），磁畴就逐渐转到与外磁场相同的方向上。这样，便产生了一个很强的与外磁场

同方向的磁化磁场,从而使磁性物质内的磁感应强度大大增加。这就是说磁性物质被强烈地磁化了。

非磁性材料没有磁畴的结构,所以不具有磁化的特性。

(2)磁饱和性

对磁性物质来说,由于磁化所产生的磁场不会随着外磁场的增强而无限地增强。当外磁场(或励磁电流)增大到一定值时,全部磁畴的磁场方向都转向与外磁场一致的方向,这时磁化磁场的磁感应强度达到饱和值。

如图 1-22 所示 $B-H$ 磁化曲线,当有磁性物质存在时,B 与 H 不成正比,所以磁性物质的磁导率 $\mu=B/H$ 不是一个常数,随 H 的变化而变。对于非磁性材料来说:

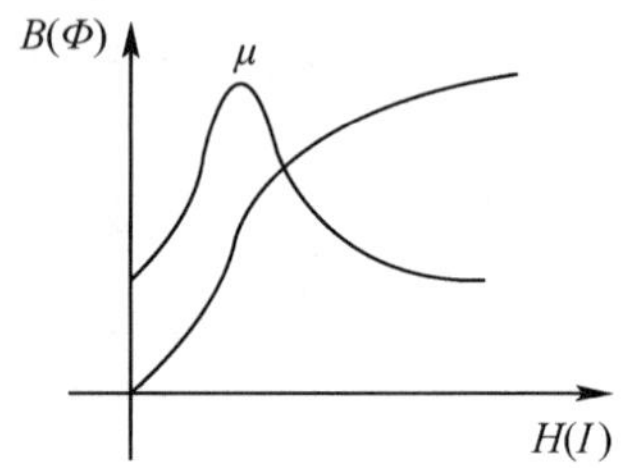

图 1-22　$B-H$ 磁化曲线

①$B(\Phi)$ 正比于 $H(I)$,无磁饱和现象。

②$\mu=\dfrac{B}{H}=\tan\alpha$ 为一常数,μ 不随 $H(I)$ 的变化而变化。

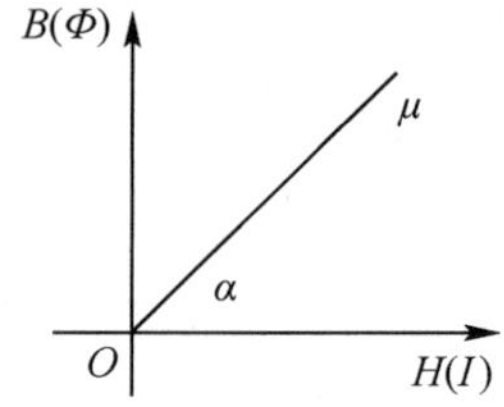

图 1-23　非磁性材料的 $B-H$ 磁化曲线

(3)磁滞性

B 的变化滞后于 H 的变化,故名磁滞性。当铁芯由铁磁构成,线圈通有交变电流时,铁芯受到交变磁化,一个周期内的 $B-H(\Phi-I)$ 曲线如图 1-24 所示。其特点有:

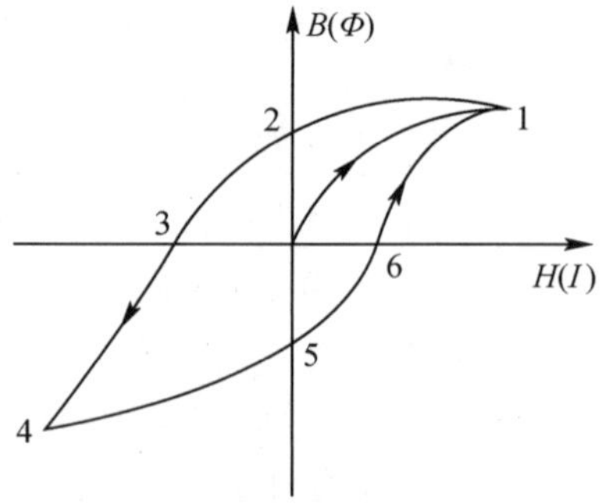

图 1-24　磁滞性

①当电流 $I=0(H=0)$ 时，即铁芯中当外磁场为零时，仍保留部分磁性，此时的 B_2 称为剩磁。

②使 $B=0$，则应继续加反向电流（反向磁场）到达点 3，此时将 $B=0$ 的 H 值称为矫顽力 H_3。

③表示 B 与 H 的变化关系的闭合曲线称为磁滞回线，即 B 的变化滞后于 H 的变化。

④磁滞的作用：

a. 铁芯反复磁化所具有的磁滞现象将产生热量，并耗散掉，称为磁滞损耗，其大小与磁滞回线的面积成正比。

b. 根据磁滞回线面积的大小，又可继续将磁性材料分为三类：软磁材料、永磁材料和矩磁材料。

2. 交流铁芯线圈电路

线圈又叫绕组，是由普通的导线缠绕而成，缠绕一圈称为一匝，所以线圈都有匝数的概念，一般线圈的匝数都大于 1。这里的普通导线也不是裸线，而是包有绝缘层的铜线或铝线，因此，线圈的匝与匝之间是彼此绝缘的。

线圈通电后有电流，所以线圈构成了电路的主体，其作用是完成电能的传输或信号的传递。不同的电工设备，铁芯的形状也各异，有闭合的，也有不闭合的。图 1-25 所示的为闭合的铁芯，而图 1-26、1-27 所示的磁路是不闭合的。

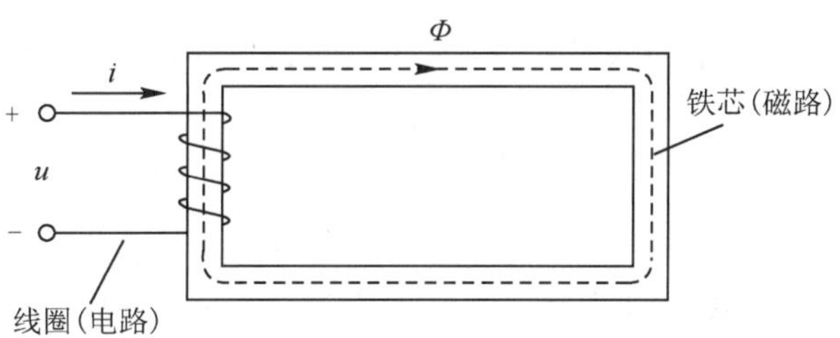

图 1-25　变压器铁芯线圈

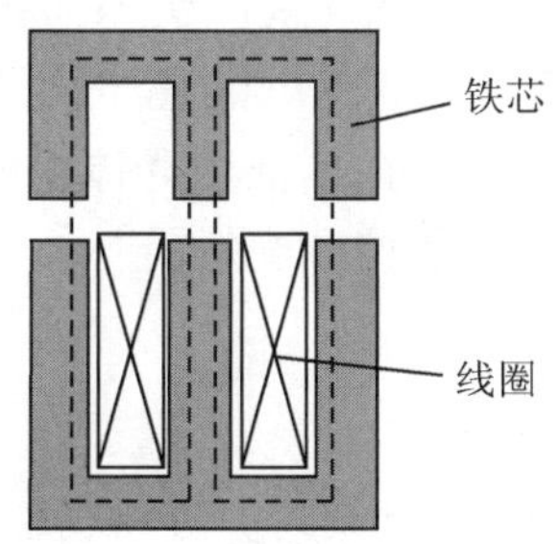

图 1-26　交流接触器的磁路

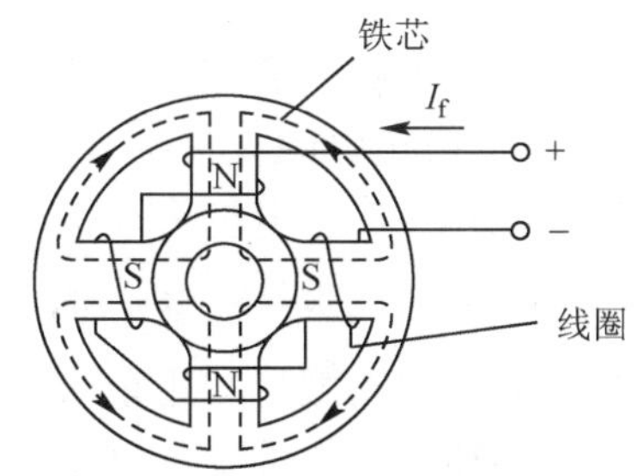

图 1-27　直流电机的磁路

在前面已经学过，铁芯具有汇聚磁通，使铁芯内部的磁场增强的作用。那又为什么必须使内部磁场加强呢？实际上，各种电工设备的工作都是借助于电能→磁场→电能的转换完成的，为满足工作的需要，必须使内部磁场加强。从分析方法角度，引入铁芯后，将磁场问题转化为磁路问题，从而简化了分析的难度。

第四节 半导体基础理论与整流电路

在自然界中存在许多物质,按照导电性能的好坏,可以把它们分成三类:一类是导体,电阻极低,导电性能非常好,像铜、银、金等金属物质;一类是绝缘体,电阻极高,导电性能非常差,像陶瓷、橡胶、玻璃等物质就属于这个范畴;还有一类物质,它们的导电性能介乎导体和绝缘体之间,既不像导体那样容易导电,也不像绝缘体那样很难导电,我们称这类物质为半导体。

半导体之所以能得到广泛的应用,不是由于它们和导体、绝缘体在电阻率上的差别,而是在于它们具有独特的、区别于导体和绝缘体的物理性质。

一、半导体特性及 PN 结单向导电性

半导体的导电特性:

热敏性:当环境温度升高时,导电能力显著增强。

光敏性:当受到光照时,导电能力明显变化(可做成各种光敏元件,如光敏电阻、光敏二极管、光敏三极管等)。

掺杂性:往纯净的半导体中掺入某些杂质,导电能力明显改变(可做成各种不同用途的半导体器件,如二极管、三极管和晶闸管等)。

1. 本征半导体

完全纯净的、具有晶体结构的半导体,称为本征半导体。

它内部的原子之间通过共价键结合。这种共价键结构不是很稳定,部分共价键中的电子受到热激励而挣脱原子核的束缚成为自由电子,在原来位置留下一个空位。本征半导体内的自由电子和空穴总是成对出现。自由电子和空穴都称为载流子。载流子的数量越多,则半导体材料的导电性能越好。在电场的作用下自由电子运动形成电子电流,因为空位的存在而引起电子的填补运动也引起电流,电子的填补运动可以想象成一个带正电的粒子向相反的方向运动,将这种想象的带正电的粒子称为空穴。在加热或光照加强时,本征半导体内的自由电子和空穴数增加,阻值下降,导电能力增强。这就是半导体的热敏特性和光敏特性。

2. 掺杂半导体(P 型半导体和 N 型半导体)

在本征半导体中掺入微量有用杂质的半导体叫作掺杂半导体。

如果在半导体掺入少量的三价硼元素,硼原子与半导体原子组成共价键时,就自然形成一个空穴。这种空穴为多载流子的半导体叫作空穴型半导体,简称 P 型半导体。

如果在半导体中掺入少量五价磷元素,磷原子与半导体原子组成共价键时。就多出一个电子。这种自由电子为多数载流子的半导体叫电子型半导体,简称 N 型半导体。

虽然在本征半导体中只掺入微量的有用杂质,载流子数量大大增加,半导体的导电能力也显著增强,这就是半导体的掺杂特性。

3. PN 结单向导电性

在 N 型半导体上渗透一层 P 型半导体，就形成了 PN 结，如图 1-28 所示。

若在 PN 结的两端加上一定数值的正向电压，即电源的正极接 P 区，电源的负极接 N 区，如图 1-29 所示，在正常的工作范围内，PN 结上的外加电压稍有增加就会引起正向电流急剧增加，此时 PN 结相当于一个很小的正向电阻。

当在 PN 结上加一定的反向电压时，外电场与内电场方向相同，如图 1-30 所示。反向电压增加，内电场进一步增强，尽管全部的载流子参与导电，其反向电流基本上保持不变。

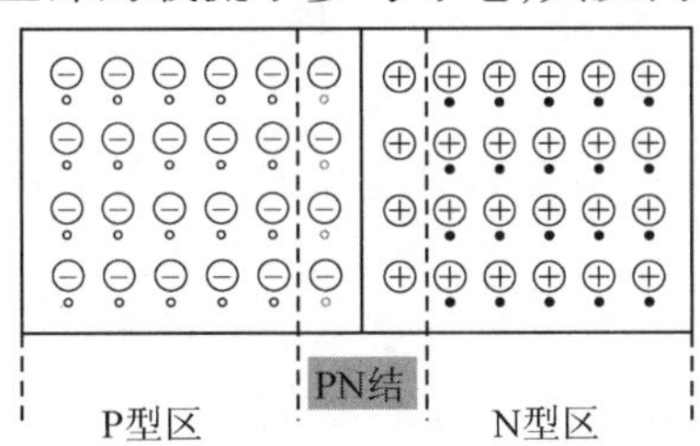

图 1-28　PN 结

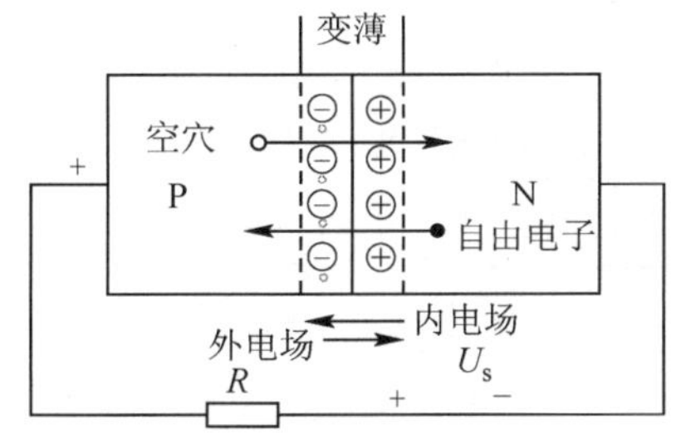

图 1-29　PN 结接正向电压

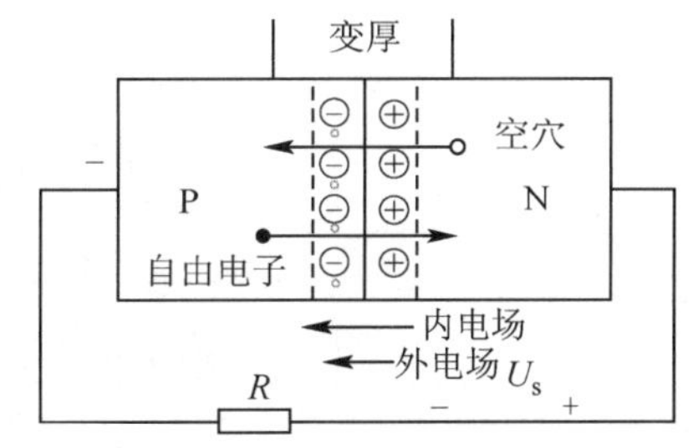

图 1-30　PN 结接反向电压

上述分析表明，PN 结具有单向导通性。在 PN 结上加正向电压时，有较大的正向电流通过，称 PN 结导通；而 PN 结上加反向电压时，仅有极小的反向电流，称 PN 结截止。

二、二极管与稳压管

1. 晶体二极管

二极管的结构晶体二极管，简称二极管。其是由一个 PN 结加上相应的电极及管壳封装而成。二极管在电路图上的符号如图 1-31(b)所示。P 区引出的电极称为阳极，N 区引出的电极称为阴极或负极。因 PN 结具有单向导电性，所以二极管也具有单向导电性。

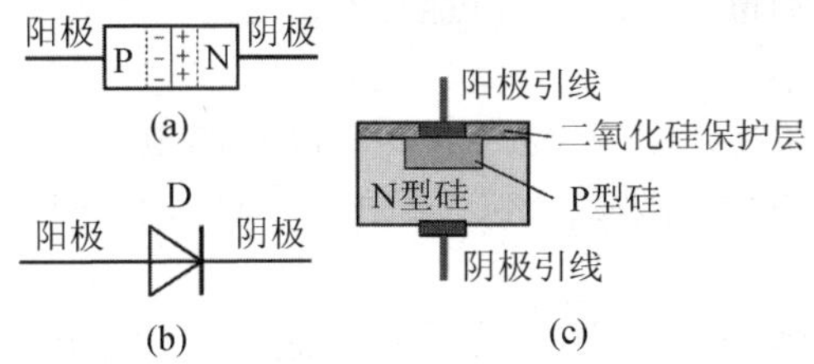

图 1-31　二极管的结构和图形符号

（2）二极管的类型

二极管按不同的分类方法有不同的类型，具体分类如下：

按材料分，有硅二极管、锗二极管和砷化镓二极管等。

按结构分，根据 PN 结截面积大小，有点接触型二极管、面接触型二极管。

按用途分，有整流二极管、稳压二极管、开关二极管、发光二极管、光电二极管、变容二极管、阻尼二极管等。

按封装形式分，有塑封及金属封装二极管。

按功率分，有大功率、中功率、极小功率的二极管。

（3）二极管的伏安特性

二极管的伏安特性是指二极管两端的电压和流过二极管的电流之间的关系。二极管的伏安特性曲线如图 1-32 所示。

①正向特性：当正向电压很小时，二极管基本上还处于截止状态。当正向电压超过某一值（称此电压为死区电压）时，二极管处于正向导通状态。硅管的死区电压约 0.5 V，锗管的死区电压约为 0.1 V。正向导通后的二极管管压降变化较小。一般硅管导通的压降为 0.6 ~ 0.7 V，锗管导通压降为 0.2 ~ 0.3 V。

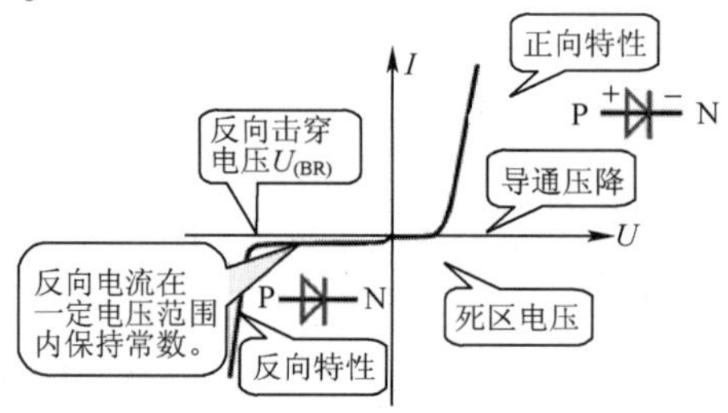

图 1-32　二极管的伏安特性

②反向截止特性：二极管被加上反向电压在一定范围内增大时，反向电流极其微小且基本不变，这就是二极管反向截止状态，此时的电流称为反向饱和电流。

③反向击穿特性：二极管被加上的反向电压增大超过某一数值时，反向电流突然增大，这种现象称为反向击穿。此时对应的电压称为反向击穿电压。除稳压二极管外，二极管会因反向击穿通过较大电流而过热损坏，使用时一定要注意。

（4）二极管的主要参数

参数反映出二极管的性能，是正确选用二极管的依据。

①最大整流电流 I_{FM}

I_{FM}是指二极管长时间工作时允许通过的最大正向平均电流。实际工作中，二极管通过的电流不应超过这个数值，否则将导致二极管过热损坏。

②最高反向工作电压 U_{RM}

U_{RM}是指二极管不被击穿前提下所允许加的最高反向电压。一般取反向击穿电压 U_{BR} 的 1/2 ~ 2/3。点接触型二极管的 U_{RM} 为数十伏，而面接触型二极管的 U_{RM} 可达数百伏。

③最大反向电流 I_R

它是指二极管加最高反向工作电压时的反向电流。反向电流越小，管子的单向导电性能越好。常温下，硅管的反向电流一般只有几微安；锗管的反向电流较大，一般在几十至几百微安之间。反向电流受温度影响大，温度越高，其值越大，故硅管的温度稳定性比锗管好。

④最高工作频率

由于 PN 结存在结电容，高频电流很容易从结电容通过，从而失去单向导电性。因此规定二极管有一个最高工作频率。

(5)二极管的简易测试

二极管具有单向导电性，一般带有色环的一端表示负极。

识别法：通过二极管管壳上的标志来识别，有标记的一端一般为 N 极。

检测法：用万用表的欧姆挡，量程为 $R\times100\ \Omega$ 或 $R\times1\ \mathrm{k\Omega}$ 挡测量其正反向电阻。

若测得的反向电阻很大(几百千欧以上)，正向电阻很小(几千欧以下)，表明二极管性能良好。若测得阻值小，黑表笔所接电极为二极管正极，红表笔所接电极为二极管的负极。

若测得的反向电阻和正向电阻都很小，表明二极管短路，已损坏。

若测得的反向电阻和正向电阻都很大，表明二极管断路，已损坏。

2. 稳压二极管

稳压二极管由一个 PN 结组成，反向击穿后在一定的电流范围内端电压基本不变，为稳定电压。稳压二极管的特性曲线如图 1-33 所示。

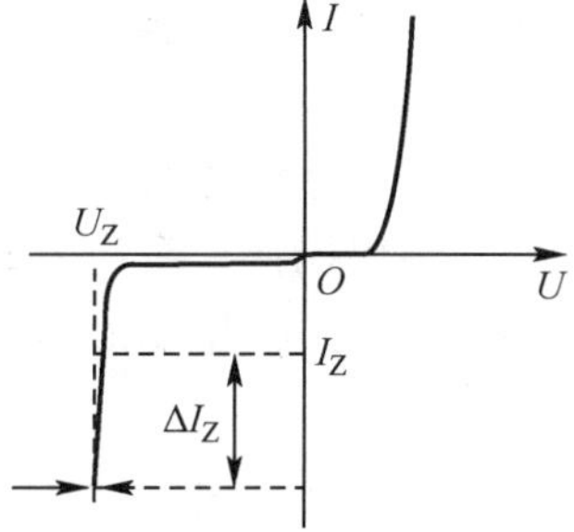

图 1-33　稳压二极管的特性曲线

稳压管和普通二极管的正向特性相同，不同的是反向击穿电压较低，且击穿特性陡峭，这说明反向电流在较大范围内变化时，反向电压基本不变。稳压管正是利用反向击穿特性来实现稳压的，此时击穿电压称为稳定电压，用 U_Z 表示。

稳压二极管的主要参数：

(1)稳定电压 U_Z

稳压管正常工作(反向击穿)时管子两端的电压。

(2)电压温度系数 α_u

环境温度每变化 1 ℃引起稳压值变化的百分数。

(3)稳定电流 I_Z 和最大稳定电流 I_{ZM}。

(4)最大允许耗散功率 $P_{ZM}=U_ZI_{ZM}$。

三、整流电路

船舶上所需的直流电源，一般都是由交流电网供电，经整流、滤波、稳压后获得。所谓整流，是把大小、方向都变化的交流电变成单向脉动的直流电。能完成整流的任务的电器被称为整流器。把交流电变成直流电的电路叫作整流电路。整流电路的主要元件是具有单向导电功能的二极管。常见的整流电路有单相半波整流电路和单相桥式整流电路。

1. 半波整流

二极管半波整流电路实际上利用了二极管的单向导电特性。

当输入电压处于交流电压的正半周时，二极管导通，输出电压 $V_o = v_i - V_D$。当输入电压处于交流电压的负半周时，二极管截止，输出电压 $V_o = 0$。半波整流电路输入和输出电压的波形如图 1-34 所示。

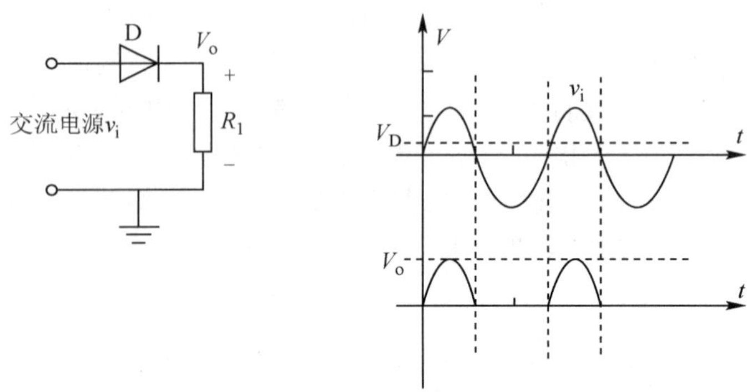

图 1-34　二极管半波整流电路

对于使用直流电源的电动机等功率型的电气设备，半波整流输出的脉动电压就足够了。但对于电子电路，这种电压不能直接作为半导体器件的电源，还必须经过平滑（滤波）处理。平滑处理电路实际上就是在半波整流的输出端接一个电容，在交流电压正半周时，交流电源在通过二极管向负载提供电源的同时对电容充电，在交流电压负半周时，电容通过负载电阻放电，如图 1-35 所示。

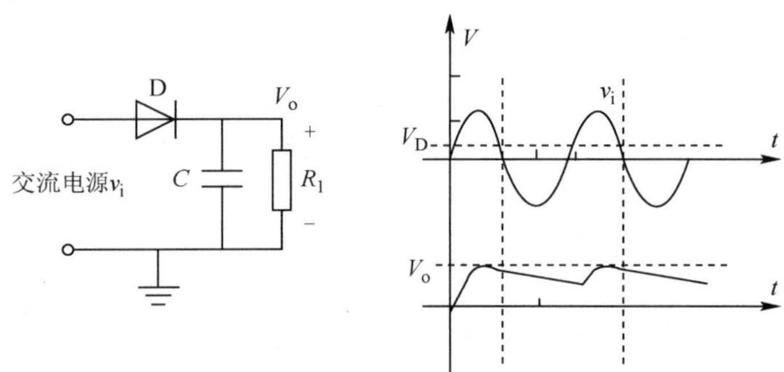

图 1-35　电容输出的二极管半波整流电路

通过上述分析可以得到半波整流电路的基本特点如下：

(1) 半波整流输出的是一个直流脉动电压。

(2) 半波整流电路的交流利用率为 50%。

(3) 电容输出半波整流电路中，二极管承担的最大反向电压为 2 倍交流峰值电压（电容输出时电压叠加）。

实际电路中，半波整流电路二极管和电容的选择必须满足负载对电流的要求。

2. 全波整流

如图 1-36 所示，当输入电压处于交流电压的正半周时，二极管 D_1 导通，输出电压 $V_o = v_i - V_{D1}$。当输入电压处于交流电压的负半周时，二极管 D_2 导通，输出电压 $V_o = v_i - V_{D2}$。

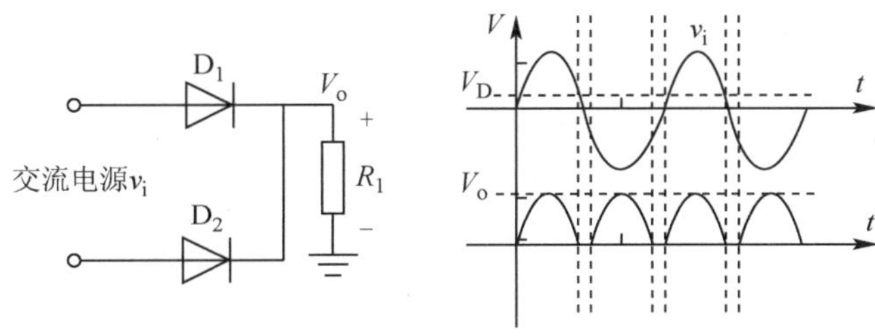

图 1-36　二极管全波整流电路

由上述分析可知，二极管全波整流电路的输出仍然是一个方向不变的脉动电压，但脉动频率是半波整流的一倍。

通过与半波整流相类似的计算，可以得到全波整流输出电压有效值 $V_{o\,rsm}=0.9U_{rsm}$。

全波整流输出的直流脉动电压仍然不能满足电子电路对直流电源的要求，必须经过平滑（滤波）处理。与半波整流相同，平滑处理电路是在全波整流的输出端所接的一个电容。电容在脉动电压的两个峰值之间向负载放电，使输出电压得到相应的平滑。

3. 桥式整流

所谓桥式整流电路，就是用二极管组成一个整流电桥，如图 1-37 所示。

当输入电压处于交流电压正半周时，二极管 D_1、负载电阻 R_L、D_3 构成一个回路（图中虚线所示），输出电压 $V_o=v_i-V_{D1}-V_{D3}$。输入电压处于交流电压负半周时，二极管 D_2、负载电阻 R_L、D_4 构成一个回路，输出电压 $V_o=v_i-V_{D2}-V_{D4}$。图 1-37 中滤波电容的工作状态。

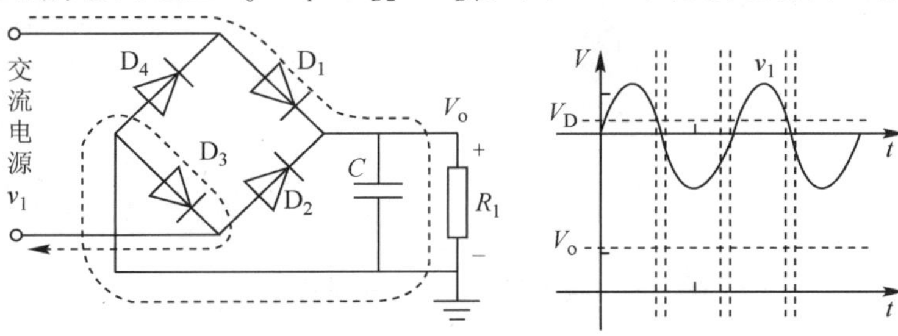

图 1-37　二极管桥式整流电路

由上述分析可知，二极管桥式整流电路输出的也是一个方向不变的脉动电压，但脉动频率是半波整流的一倍。与半波整流输出电压有效值计算相类似，可以得到桥式整流输出电压有效值 $V_{o\,rsm}=0.9U_{rsm}$。

通过上述分析，可以得到桥式整流电路的基本特点如下：

（1）桥式整流输出的是一个直流脉动电压。

（2）桥式整流电路的交流利用率为 100%。

（3）电容输出桥式整流电路，二极管承担的最大反向电压为 2 倍的交流峰值电压（电容输出时电压叠加）。

（4）桥式整流电路二极管的负载电流仅为半波整流的一半。

（5）实际电路中，桥式整流电路中二极管和电容的选择必须满足负载对电流的要求。

三、晶体三极管

晶体三极管简称三极管。它由两个 PN 结构成,具有电流放大功能,构成放大电路的核心元件。

1. 结构和分类

晶体三极管的结构及图形符号如图 1-38 所示。它有三个区:发射区、基区、集电区。每个区分别引出一个电极,分别为发射极 E、基极 B、集电极 C。

三极管按结构可分为 NPN 型和 PNP 型,按所用的半导体材料可分为硅管和锗管,按功率可分为大、中、小功率管,按频率特性可分为低频管和高频管。

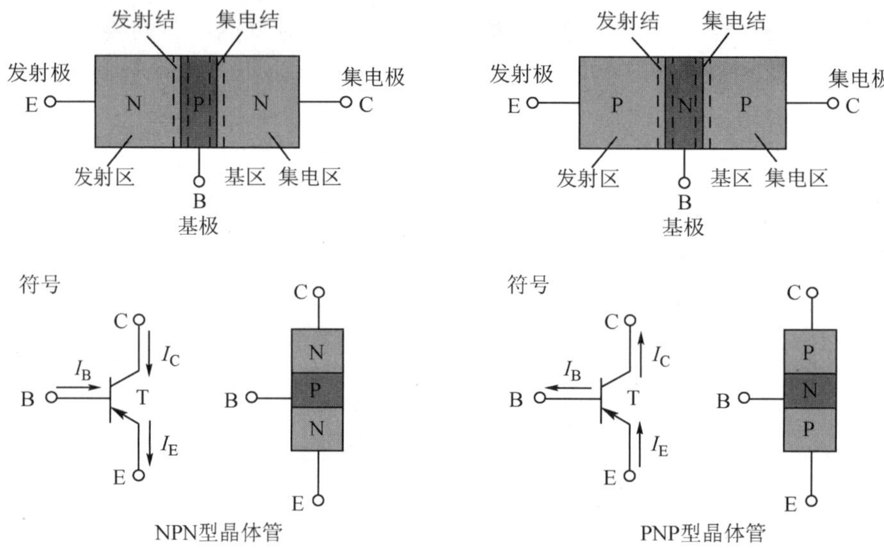

图 1-38 晶体三极管的结构及图形符号

2. 伏安特性

三极管的伏安特性曲线能直观、全面地反映三极管各极电流与电压之间的关系。

通常把三极管的输出特性曲线分为三个工作区,如图 1-39 所示。

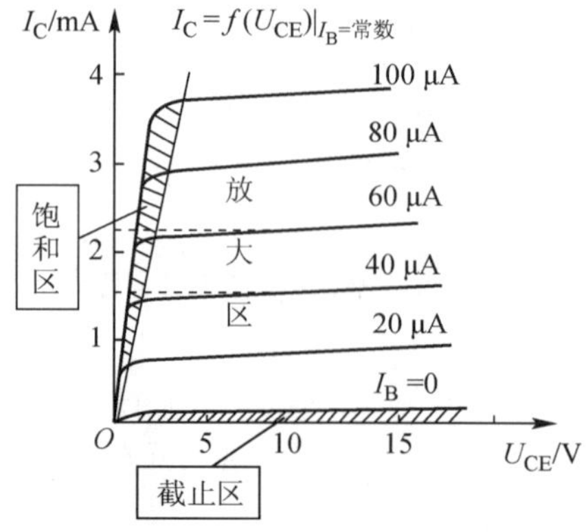

图 1-39 三极管的输出特性曲线

(1)截止区

在这个区域内,U_{BE}小于死区电压,$U_B < U_E < U_C$,三极管截止,呈现高电阻状态,相当于断开的开关。

条件:发射结和集电结都处于零偏或反向偏置。

(2)放大区

在放大区内,$U_{BE} > 0.7\ V$,即 $U_C > U_B > U_E$(对 NPN 管),I_C 的变化量与 I_B 的变化量是成比例的:

$$\bar{\beta} = \frac{\Delta I_c}{\Delta I_B}$$

条件:发射结加正向电压,集电结加反向电压。

(3)饱和区在输出曲线中,I_C 随着 U_{CE}的增加而近乎直线上升且将出现转折的部分称为饱和区。

在这个区域中,U_{CE}的值很小,称为饱和压降 U_{CES}。

由于 U_{CE}很小,使得基极的电位高于集电极的电位 $U_B > U_C > U_E$(对 NPN 管),出现了饱和现象,使三极管失去放大作用,呈现一等效小电阻,相当于接通的开关。

条件:三极管的发射结和集电结均加正向电压。

3. 主要参数

参数反映出三极管的性能,是正确选用三极管的依据。常用的主要参数有如下几个:

(1)β 值

β 值是三极管最重要的参数,因为 β 值描述的是三极管对电流信号放大能力的大小。β 值越高,对小信号的放大能力越强,反之亦然;但 β 值不能做得很大,因为太大,三极管的性能不太稳定,通常 β 值应该选择 30 ~ 80 为宜。一般来说,三极管的 β 值不是一个特定的值,它一般伴随着元件的工作状态而小幅度地改变。

(2)极间反向电流

极间反向电流越小,三极管的稳定性越高。

(3)三极管反向击穿特性

三极管是由两个 PN 结组成的,如果反向电压超过额定数值,就会像二极管那样被击穿,使性能降低或永久损坏。

(4)工作频率

三极管的 β 值只是在一定的工作频率范围内才保持不变,如果超过频率范围,它们就会随着频率的升高而急剧下降。

4. 晶体管的简易测试

(1)用万用表判断晶体管管型和电极

用万用表电阻挡,量程置于 $R \times 100\ \Omega$ 或 $R \times 1\ \text{k}\Omega$ 挡。

①测试时,可假定某管脚为基极(b),将黑表笔接假定基极,红表笔分别接另外两管脚,这样可测有三组读数,其中一组两次测得的电阻均小时,则黑笔所连的管脚即是基极(b),且为 NPN 管型。

原因:因为黑表笔带正电,当接到基极,而红表笔分别接到发射极和集电极,这时所测及两个 PN 结刚好为正向导通，当然阻值比较小。

②如果用万用表红表笔接某假定基极，而黑表笔分别接其他两极，如果测及两个阻值同样很小，即对应红表笔所接的那个管脚为 PNP 型管基极。

原因：同上述一样。此时，红表笔带负电，当它接到基极，用黑表笔分别接到发射极和集电极时所测得的两个 PN 结也刚好是正向导通。

测试方法如图 1-40 所示。

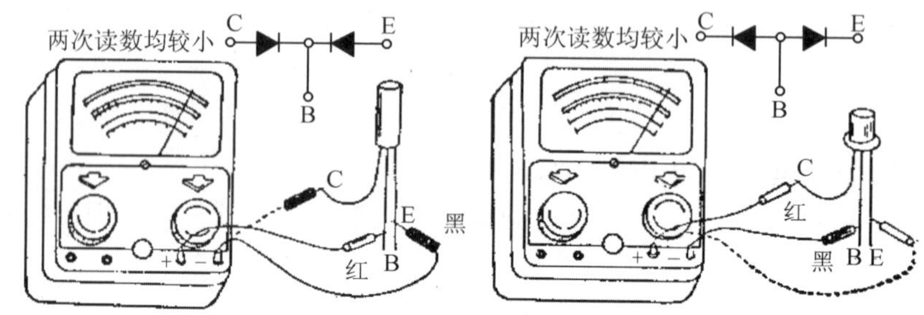

图 1-40 用万用表测试晶体管的管型和电极

晶体管的集电极与发射极判别如图 1-41 所示。

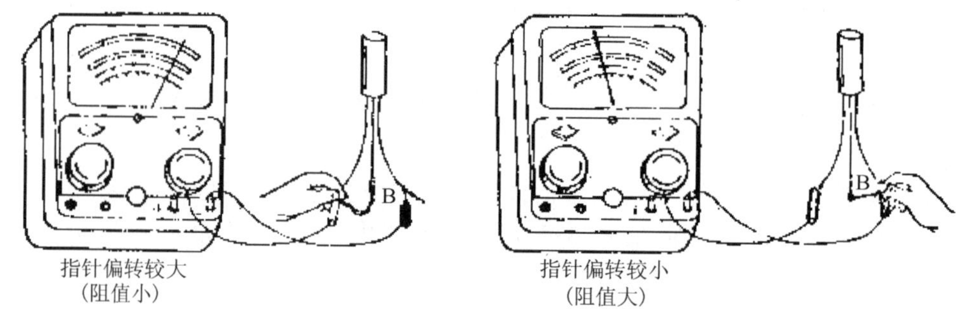

图 1-41 三极管集电极与发射极判别

(2)晶体管性能判别

晶体管性能判别通过检测以下三个方面来判断，只要有一个方面达不到要求，即为坏管。

①先判断发射结和集电结是否正常，按普通二极管好坏判别方法进行。

②通过测 C、E 极之间漏电电阻的大小来判断，测量时对于 NPN(PNP)型晶体管，万用表的黑(红)表笔接 C 极，红(黑)表笔接 E 极，B 悬空，这时的 R_{AE} 越大越好，一般应大于 50 kΩ，硅管大于 500 kΩ 时才可使用。

③检测晶体管有无放大能力。采用判断 C 极时的方法，观察万用表指针在手捏住 C、B 极前后的变化即可知道该管有无放大能力。

若指针变化大，则说明该管 β 值较高；若指针变化不大，则说明该管 β 值小。若万用表有 β 挡时，则可直接测量，更为方便。

本章思考题

1. 电压、电位和电动势有什么区别？它们的单位是什么？
2. 电路的工作状态，通常有哪几种？
3. 什么是交流电？表示正弦交流电特征的三要素是什么？
4. 纯电阻、纯电感、纯电容的交流电路各有什么特点？
5. 铁磁材料的基本特性是什么？

第二章　渔船电机与电力拖动系统

第一节　直流电机

一、直流电机的工作原理

输出或输入为直流电能的旋转电机,称为直流电机,它是能实现直流电能和机械能互相转换的电机。当它作为电动机运行时是直流电动机,将电能转换为机械能;当它作为发电机运行时是直流发电机,将机械能转换为电能。

1. 直流发电机工作原理

直流发电机是将机械能转变成电能的旋转机械。图 2-1 为直流发电机的物理模型,N、S 为定子磁极,abcd 是固定在可旋转导磁圆柱体上的线圈,线圈连同导磁圆柱体称为电机的转子或电枢。线圈的首末端 a、d 连接到两个相互绝缘并可随线圈一同旋转的换向片上。转子线圈与外电路的连接是通过放置在换向器上固定不动的电刷进行的。

当原动机驱动电机转子逆时针旋转时,线圈 abcd 将感应电动势。如图 2-1(a)所示,导体 ab 靠近 N 极,a 点高电位,b 点低电位;导体 cd 靠近 S 极,c 点高电位,d 点低电位;电刷 A 极性为正,电刷 B 极性为负。

当原动机驱动电机转子逆时针旋转 180°后,如图 2-1(b)所示,导体 ab 靠近 S 极,a 点低电位,b 点高电位;导体 cd 靠近 N 极,c 点低电位,d 点高电位;电刷 A 极性仍为正,电刷 B 极性仍为负。与电刷 A 接触的导体总是位于 N 极下,与电刷 B 接触的导体总是位于 S 极下,电刷 A 的极性总是正的,电刷 B 的极性总是负的,从而在电刷 A、B 两端可获得直流电动势。

2. 直流电动机的工作原理

直流电动机是将电能转变成机械能的旋转机械。把电刷 A、B 接到直流电源上,电刷 A 接正极,电刷 B 接负极。此时电枢线圈中将有电流流过。

在磁场作用下,N 极性下导体 ab 的受力方向为从右向左,S 极下导体 cd 的受力方向为从左向右。该电磁力形成逆时针方向的电磁转矩。当电磁转矩大于阻转矩时,电机转子逆时针方向旋转。当电枢旋转到图 2-2 所示位置时,原 N 极性下导体 ab 转到 S 极下,受力方向为从左向右,原 S 极下导体 cd 转到 N 极下,受力方向为从右向左。该电磁力形成逆时针方向的电磁转矩。线圈在该电磁力形成的电磁转矩作用下继续沿逆时针方向旋转。

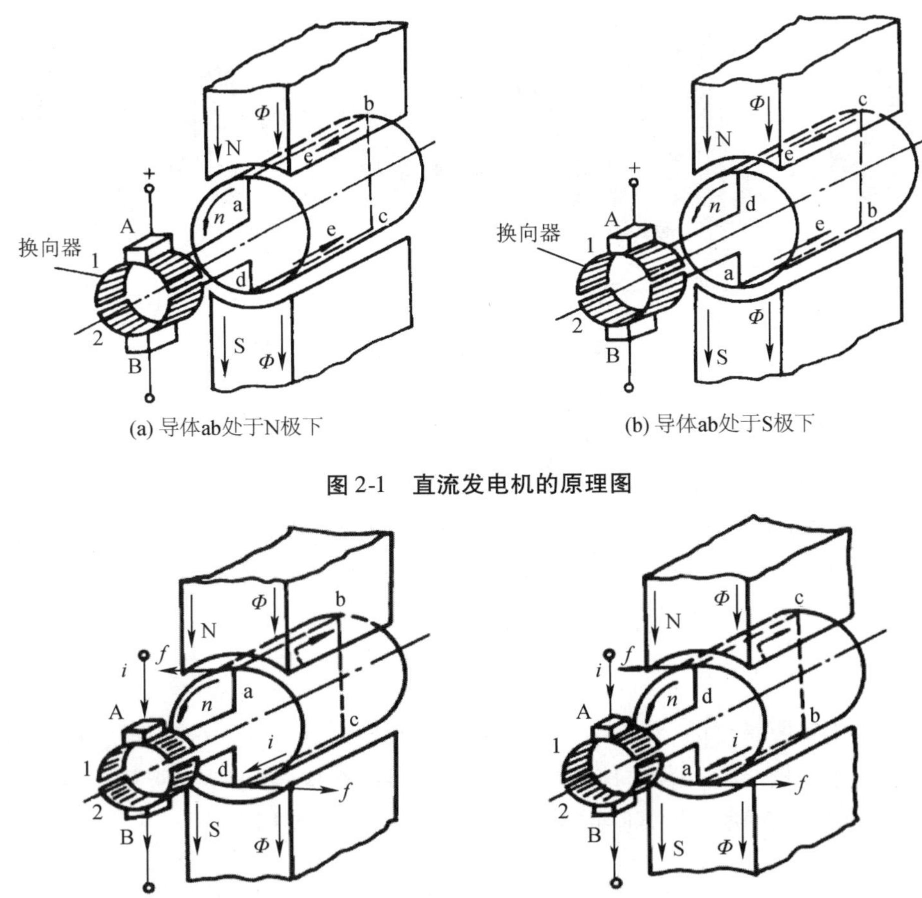

(a) 导体ab处于N极下　　(b) 导体ab处于S极下

图 2-1　直流发电机的原理图

(a) 导体ab处于N极下　　(b) 导体ab处于S极下

图 2-2　直流电动机的原理图

3. 直流电机的可逆原理

从上述直流电机的工作原理来看，一台直流电机若在电刷两端加上直流电压，输入电能，即可拖动生产机械，将电能变为机械能而成为电动机；反之若用原动机带动电枢旋转，输入机械能，就可在电刷两端得到一个直流电动势作为电源，将机械能变为电能而成为发电机。一台电机既可作为发电机运行，又可作为电动机运行，这就是直流电机的可逆原理。

二、直流电机的构造、励磁方式

由直流电动机和发电机工作原理示意图可以看到，直流电机应由定子和转子两大部分组成。直流电机运行时静止不动的部分称为定子，定子的主要作用是产生磁场，由机座、主磁极、换向极、端盖、轴承和电刷装置等组成。运行时转动的部分称为转子，其主要作用是产生电磁转矩和感应电动势，是直流电机进行能量转换的枢纽，所以通常又称为电枢，由转轴、电枢铁芯、电枢绕组、换向器和风扇等组成。

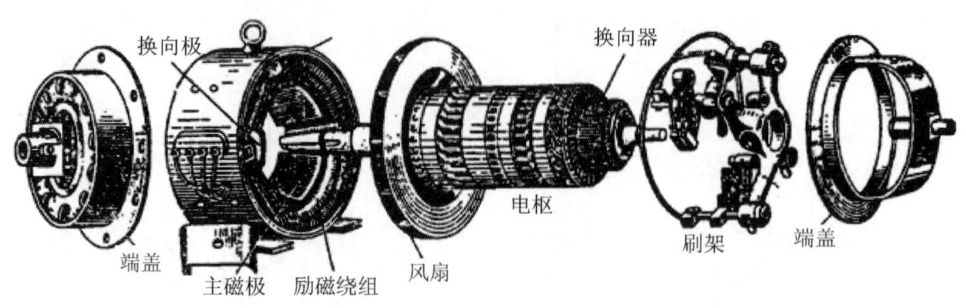

图 2-3 直流电机解体图

1. 定子

(1) 主磁极

主磁极的作用是产生气隙磁场。主磁极由主磁极铁芯和励磁绕组两部分组成。铁芯一般用0.5～1.5 mm厚的硅钢板冲片叠压铆紧而成,分为极身和极靴两部分,上面套励磁绕组的部分称为极身,下面扩宽的部分称为极靴,极靴宽于极身,既可以调整气隙中磁场的分布,又便于固定励磁绕组。励磁绕组用绝缘铜线绕制而成,套在主磁极铁芯上。整个主磁极用螺钉固定在机座上。

(2) 换向极

换向极的作用是改善换向,减小电机运行时电刷与换向器之间产生换向火花的可能,一般装在两个相邻的主磁极之间,由换向极铁芯和换向极绕组组成,如图 2-4 所示。换向极绕组用绝缘导线绕制而成,套在换向极铁芯上,换向极的数目与主磁极相等。

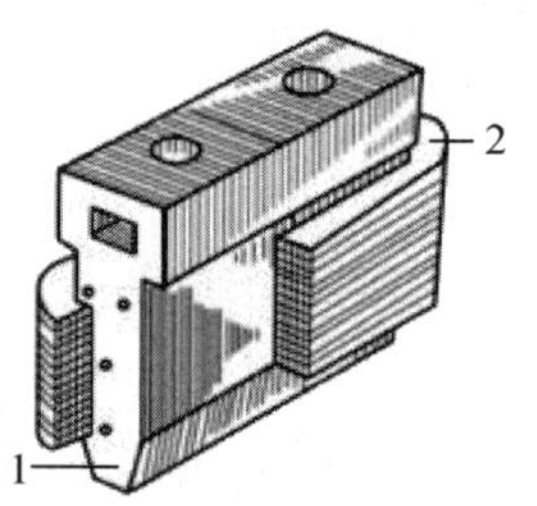

图 2-4 换向极结构图

1—刷握;2—电刷

(3) 机座

电机定子的外壳称为机座,是直流电机的固定支撑和防护元件,又是磁路的一部分。为保证机座具有足够的机械强度和良好的导磁性能,机座一般由铸钢件或由钢板焊接而成。

(4) 电刷装置

电刷装置是用来引入或引出直流电压和直流电流的。电刷装置由电刷、刷握、刷杆和刷杆座等组成。电刷放在刷握内,用弹簧压紧,使电刷与换向器之间有良好的滑动接触,刷握固定在刷杆上,刷杆装在圆环形的刷杆座上,相互之间必须绝缘。刷杆座装在端盖或轴承内盖上,圆周位置可以调整,调好以后加以固定。

2. 转子(电枢)

(1)电枢铁芯

电枢铁芯是主磁路的主要部分,同时用以嵌放电枢绕组。一般电枢铁芯采用由 0.5 mm 厚的硅钢片冲制而成的冲片叠压而成,以降低电机运行时电枢铁芯中产生的涡流损耗和磁滞损耗。叠成的铁芯固定在转轴或转子支架上。铁芯的外圆开有电枢槽,槽内嵌放电枢绕组。

(2)电枢绕组

电枢绕组的作用是产生电磁转矩和感应电动势,是直流电机进行能量变换的关键部件,所以叫电枢。它是由许多线圈(以下称元件)按一定规律连接而成,线圈采用高强度漆包线或玻璃丝包扁铜线绕成,不同线圈的线圈边分上、下两层嵌放在电枢槽中,线圈与铁芯之间以及上、下两层线圈边之间都必须妥善绝缘。为防止离心力将线圈边甩出槽外,槽口用槽楔固定。线圈伸出槽外的端接部分用热固性无纬玻璃带进行绑扎。

(3)换向器

在直流电动机中,换向器配有电刷,能将外加直流电源转换为电枢线圈中的交变电流,使电磁转矩的方向恒定不变;在直流发电机中,换向器配有电刷,能将电枢线圈中感应产生的交变电动势转换为正、负电刷上引出的直流电动势。换向器是由许多换向片组成的圆柱体,换向片之间用云母片绝缘,换向器的结构如图 2-5 所示。

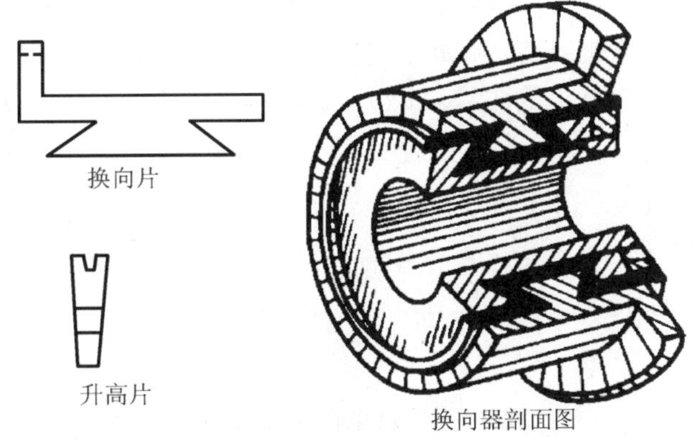

图 2-5　换向器的结构

三、直流电机的可逆运行原理

一台直流电机原则上既可以作为电动机运行,也可以作为发电机运行,这种原理在电机理论中称为可逆原理。当原动机驱动电枢绕组在主磁极 N、S 之间旋转时,电枢绕组上感生出电动势,经电刷、换向器装置整流为直流后,引向外部负载(或电网),对外供电,此时电机作为直流发电机运行。如用外部直流电源,经电刷换向器装置将直流电流引向电枢绕组,则此电流与主磁极 N、S 极产生的磁场互相作用,产生转矩,驱动转子与连接于其上的机械负载工作,此时电机作为直流电动机运行。

1. 直流电机的分类

其按结果主要分为直流电动机和直流发电机;

其按类型主要分为直流有刷电机和直流无刷电机。

2. 直流电机的励磁方式

直流电机的励磁方式是指对励磁绕组如何供电、产生励磁磁通势而建立主磁场的方式。根据励磁方式的不同，直流电机可分为下列几种类型：

(1)他励直流电机

励磁绕组与电枢绕组无连接关系，而由其他直流电源对励磁绕组供电的直流电机称为他励直流电机，接线如图 2-6(a)所示。图中 M 表示电动机，若为发电机，则用 G 表示。永磁直流电机也可看作他励直流电机。

(2)并励直流电机

并励直流电机的励磁绕组与电枢绕组相并联，接线如图 2-6(b)所示。作为并励发电机来说，是电机本身发出来的端电压为励磁绕组供电；作为并励电动机来说，励磁绕组与电枢共用同一电源，从性能上讲与他励直流电动机相同。

(3)串励直流电机

串励直流电机的励磁绕组与电枢绕组串联后，再接于直流电源，接线如图 2-6(c)所示。这种直流电机的励磁电流就是电枢电流。

(4)复励直流电机

复励直流电机有并励和串励两个励磁绕组，接线如图 2-6(d)所示。若串励绕组产生的磁通势与并励绕组产生的磁通势方向相同称为积复励。若两个磁通势方向相反，则称为差复励。

不同励磁方式的直流电机有着不同的特性。一般情况直流电动机的主要励磁方式是并励式、串励式和复励式，直流发电机的主要励磁方式是他励式、并励式和复励式。

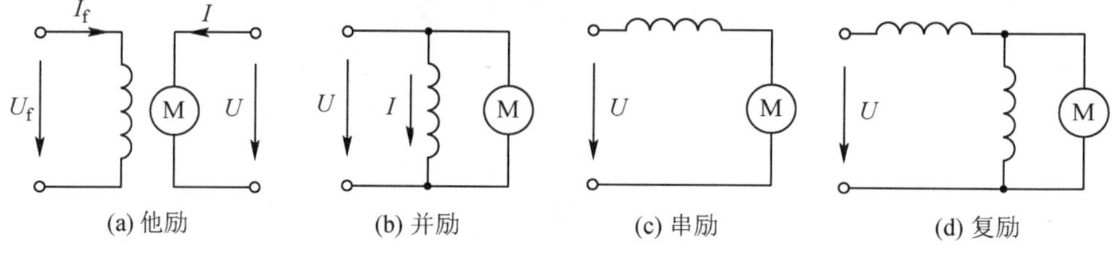

图 2-6 直流电机的励磁方式

(5)直流电机铭牌

国产电机型号一般采用大写的汉语拼音字母和阿拉伯数字表示，其格式为：第一部分用大写的拼音字母表示产品代号，第二部分用阿拉伯数字表示设计序号，第三部分用阿拉伯数字表示机座代号，第四部分用阿拉伯数字表示电枢铁芯长度代号。

以 Z292 为例：Z 表示一般用途直流电动机；2 表示设计序号，第二次改型设计；9 表示机座序号；2 电枢铁芯长度符号。

第一部分字符含义如下：

Z 系列：一般用途直流电动机(如 Z2、Z3、Z4 等系列)；

ZY 系列：永磁直流电机；

ZJ 系列：精密机床用直流电机；

ZT 系列：广调速直流电动机；

ZQ 系列：直流牵引电动机；

ZH 系列：船用直流电动机；

ZA 系列：防爆安全型直流电动机；

ZKJ 系列：挖掘机用直流电动机；

ZZJ 系列：冶金起重机用直流电动机。

四、直流电机的运行特性、起动、调速及反转

1. 直流发电机的空载特性

当保持发电机的转速 n 不变，负载电流 $I=0$ 时（发电机主开关处于断开状态），发电机的电枢电势（或空载电压 U_0）与励磁电流 I_f 之间的关系，即 $E=f(I_f)$ 曲线称为空载特性。空载特性曲线如图 2-7 所示。空载特性曲线与磁化曲线相似，这时直流发电机的感应电势为 $E=C_e\Phi n$，与励磁电流 I_f 之间为磁化曲线关系。

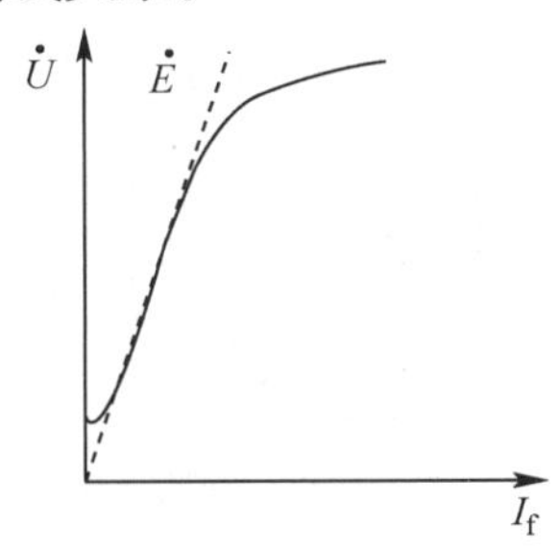

图 2-7　直流发电机的空载特性

2. 自励发电机建压条件

（1）发电机必须有剩磁，若剩磁消失可用外电源充磁。

（2）励磁电流产生的磁场要与剩磁磁场方向相同。这与并励绕组和电枢电路的连接极性及电枢的转动方向有关。在固定转动方向下，主要取决于两并联电路的连接极性。

（3）励磁回路的总电阻必须小于临界电阻。励磁电阻过大或发生断路时，不能自励建立正常电压。当然转速过低，空载特性曲线变低也使两曲线的交点变低，而无法建立起正常的电压。

3. 直流发电机的外特性

直流发电机的外特性是指在保持额定转速和励磁回路总电阻不变的条件下，改变负载大小时，发电机的端电压随负载电流而变化的关系。图 2-8（a）为他励和并励发电机的外特性曲线，曲线 1 为他励发电机，曲线 2 为并励发电机。图 2-8（b）是复励发电机的外特性曲线。当供电线路较长时通常采用过复励发电机；而船舶主电源直流发电机多为平复励发电机。

4. 直流电动机的运行特性

按励磁绕组和电枢绕组连接方式的不同，直流电动机和直流发电机一样，也可分为四种：他励电动机、并励电动机、串励电动机和复励电动机。

由于他励和并励电动机的励磁电路都是接到外电源上，励磁电流不受电枢电流变化的影响，因此，他励和并励电动机的特性基本相同。图 2-9（a）、（b）、（c）分别为并励、串励和复励电动机的接线图。图中 R 表示串入电枢电路的起动或调速用的电阻；R_f' 表示调节励磁电流的外串电阻。

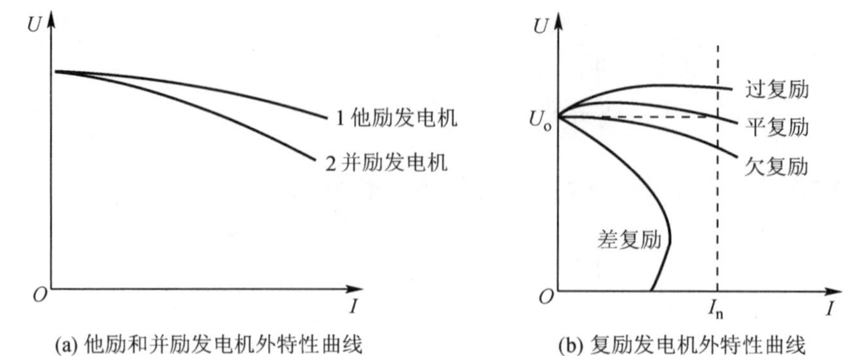

(a) 他励和并励发电机外特性曲线　　(b) 复励发电机外特性曲线

图 2-8　直流发电机外特性曲线

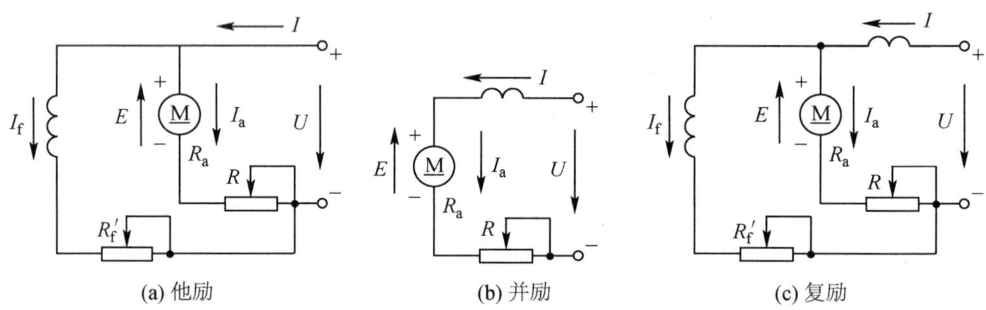

(a) 他励　　(b) 并励　　(c) 复励

图 2-9　直流发电机的接线图

直流电动机的转速与转矩之间的关系 $n=f(T)$ 称为直流电动机的机械特性，它表明了直流电动机在一定的条件下，转速与电磁转矩两个机械量之间的对应关系。

直流电动机的机械特性关系式：

$$n=\frac{U}{C_e\Phi}-\frac{R_a}{C_eC_T\Phi^2}T=n_0-kT \tag{2-1}$$

上式中，当转矩 $T=0$ 时的转速 $n_0=U/C_e\Phi$ 称为理想空载转速；系数 $k=R_a/C_eC_T\Phi^2$ 表示曲线的斜率；若并（或他）励电动机的 $U=U_N$，$I_f=I_{fN}$，则 $n=f(T)$ 的固有机械特性曲线为向下倾斜的直线，如图 2-10 所示。

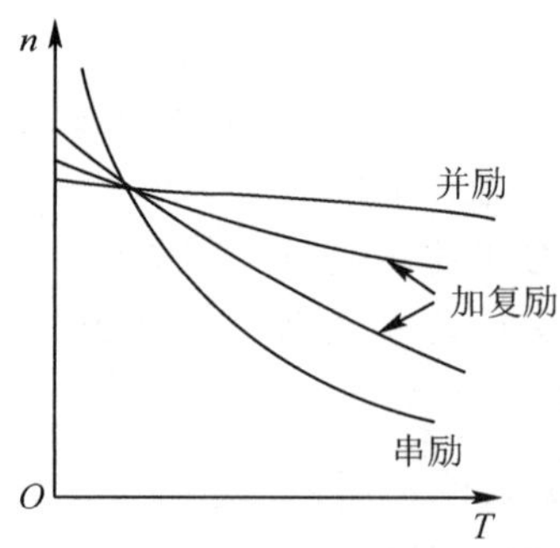

图 2-10　直流电动机的机械特性

直流电动机在运行中不允许励磁回路断路或欠励磁，因为磁通减小时，电动机的理想空载转速和机械特性曲线的斜率都会增大，前者使电动机的理想空载时速迅速增大，出现“飞车”现象，后者使机械特性变软，在重载时发生堵转，堵转后电动机电枢电流增大，烧毁电枢绕组。

直流电动机的机械特性与励磁方式有关：

（1）并（或他）励电动机：由于每极磁通、理想空载转速和系数均为常数，故转速随转矩的增加而降低，如图 2-10 所示；但由于电枢电阻很小，转速随负载的变化不大，其转速变化率仅为 3% ~8%，故为硬机械特性。并（或他）励电动机适于要求恒转速拖动的生产机械。

（2）串励电动机：由于串励磁通随负载的增加而增知，从而使转速随负载的增加而迅速下降，如图 2-10 所示。该特性曲线的特点是：空载转速非常高，机械特性比较软。当负载转矩较小时，转速将很高，甚至会超出最高限度的数值，导致电机机械结构的损坏。所以，串励直流电动机绝对不允许空载起动及空载运行。串励电动机的软特性、起动力矩比较大，适用于起动困难的场合。

第二节　变压器

一、变压器的基本结构与工作原理

1. 变压器的基本结构

（1）铁芯

铁芯是变压器中主要的磁路部分。通常由含硅量较高，厚度分别为 0.35 mm、0.3 mm、0.27 mm，表面涂有绝缘漆的热轧或冷轧硅钢片叠装而成。铁芯分为铁芯柱和横片两个部分，铁芯柱套有绕组，横片是起闭合磁路的作用。铁芯结构的基本形式有芯式和壳式两种。

（2）绕组

绕组是变压器的电路部分，它是用双丝包绝缘扁线或漆包圆线绕成。变压器的基本原理是电磁感应原理，现以单相双绕组变压器为例说明其基本工作原理：当一次侧绕组上加上交流电压 U_1 时，流过电流，在铁芯中就产生交变磁通 Φ，这些磁通称为主磁通，在它的作用下，两侧绕组分别感应电势 E_1、E_2，感应电势公式为

$$E = 4.44 f N \Phi_m \tag{2-2}$$

式中：E——感应电势有效值；f——频率；N——匝数；Φ_m——主磁通最大值。

由于二次绕组与一次绕组匝数不同，感应电势 E_1 和 E_2 大小也不同，当略去内阻抗压降后，电压 U_1 和 U_2 大小也就不同。

当变压器二次侧空载时，一次侧仅流过主磁通的电流 I_0，这个电流称为激磁电流。当二次侧加负载流过负载电流 I_2 时，也在铁芯中产生磁通，试图改变主磁通，但一次侧电压不变时，主磁通是不变的，一次侧就要流过两部分电流：一部分为激磁电流 I_0；一部分电流用来平衡 I_2，所以这部分电流随着 I_2 变化而变化。上述的平衡作用实质上是磁势平衡作用，变压器就是通过磁势平衡作用实现了一、二次侧的能量传递。

2. 变压器的工作原理

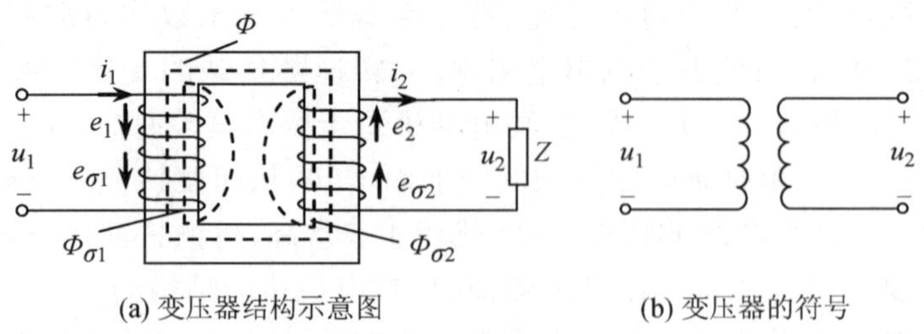

(a) 变压器结构示意图　　(b) 变压器的符号

图 2-11　变压器原理图

原绕组匝数为 N_1，电压 U_1，电流 I_1，主磁电动势 e_1，漏磁电动势 $e_{\sigma 1}$；副绕组匝数为 N_2，电压 U_2，电流 I_2，主磁电动势 e_2，漏磁电动势 $e_{\sigma 2}$。

(1)电压变换

原绕组的电压方程 $\dot{U}_1 = R_1\dot{I}_1 + jX_{\sigma 1}\dot{I}_1 - \dot{E}_1$，忽略电阻 R_1 和漏抗 $X_{\sigma 1}$ 的电压，则

$$U_1 \approx E_1 = 4.44fN_1\Phi_m \tag{2-3}$$

副绕组的电压方程：$\dot{U}_2 = \dot{E}_2 - R_1\dot{I}_2 - jX_{\sigma 2}\dot{I}_2$，空载时副绕组电流 $\dot{I}_2 = 0$，电压 $\dot{U}_{20} = \dot{E}_2$，则

$$U_{20} = E_2 = 0.44fN_2\Phi_m \tag{2-4}$$

$$\frac{U_1}{U_{20}} \approx \frac{E_1}{E_2} = \frac{N_1}{N_2} = k \tag{2-5}$$

k 称为变压器的变比。

在负载状态下，由于副绕组的电阻 R_2 和漏抗 $X_{\sigma 1}$ 很小，其上的电压远小于 E_2，仍有：

$$U_2 \approx E_2 = 0.44fN_2\Phi_m \tag{2-6}$$

(2)电流变换

由 $U_1 \approx E_1 = 4.44fN_1\Phi_m$ 可知，U_1 和 f 不变时，E_1 和 Φ_m 也都基本不变。因此，有负载时产生主磁通的原、副绕组的合成磁动势 $(\dot{I}_1N_1 + \dot{I}_2N_2)$ 和空载时产生主磁通的原绕组的磁动势 $\dot{I}_0N_1$ 基本相等，即

$$\dot{I}_1N_1 + \dot{I}_2N_2 = \dot{I}_0N_1 \tag{2-7}$$

空载电流 $\dot{I}_0$ 很小，可忽略不计，即 $\dot{I}_1N_1 \approx -\dot{I}_2N_2$，则有

$$\frac{I_1}{I_2} \approx \frac{N_2}{N_1} = \frac{1}{k} \tag{2-8}$$

(3)阻抗变换

设接在变压器副绕组的负载阻抗 Z 的模为 $|Z|$，则

$$|Z| = \frac{U_2}{I_2} \tag{2-9}$$

Z 反映到原绕组的阻抗模 $|Z'|$ 为：

$$|Z'| = \frac{U_1}{I_1} = \frac{kU_2}{\frac{I_2}{k}} = k^2\frac{U_2}{I_2} = k^2|Z| \tag{2-10}$$

3. 变压器的使用

(1)外特性

电压变化率反映电压 U_2 的变化程度。通常希望 U_2 的变动越小越好,一般变压器的电压变化率约为 5%。

$$\Delta U = \frac{U_{20} - U_2}{U_{20}} \times 100\% \tag{2-11}$$

(2)损耗

损耗包括铜损和铁损:

$$\Delta P = \Delta P_{Cu} + \Delta P_{Fe}$$

铜损:$\Delta P_{Cu} = I_1^2 R_1 + I_2^2 R_2$;

铁损 ΔP_{Fe}包括磁滞损耗和涡流损耗。

(3)额定值

①额定电压 U_N:指变压器副绕组空载时各绕组的电压;对于三相变压器,额定电压是指线电压。

②额定电流 I_N:指允许绕组长时间连续工作的线电流。

③额定容量 S_N:在额定工作条件下变压器的视在功率。

单相变压器:

$$S_N = U_{2N} I_{2N} \approx U_{1N} I_{1N} \tag{2-12}$$

三相变压器:

$$S_N = \sqrt{3} U_{2N} I_{2N} \approx \sqrt{3} U_{1N} I_{1N} \tag{2-13}$$

二、三相变压器

1. 三相变压器的结构

三相变压器又称为三相芯式变压器,一般变压器都是采用芯式变压器,故“三相变压器”无特别说明,都指三相芯式变压器。三相变压器的特点是三相主磁路相互联系,为了使结构简单、制造方便、减小体积和节省硅钢片,可将三相铁芯柱布置在同一平面内。常用的三相芯式变压器的铁芯结构如图 2-12 所示。

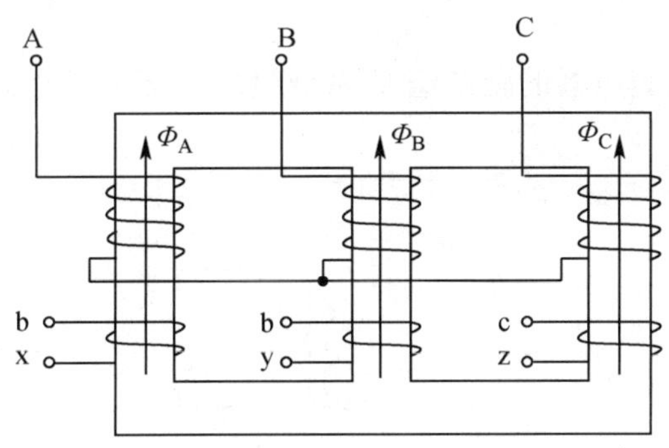

图 2-12　三相芯式变压器的结构

在三相变压器中，原边采用星形联结，也可采用三角形联结。同样，副边也可采用星形联结或三角形联结。一般船用照明变压器主要采用三角形联结。工程一般取三相励磁电流的平均值作为励磁电流值。三相芯式变压器的优点是硅钢片用量少、占地面积小、效率高。

2. 变压器线圈极性的测定

(1)同极性端的标记(如图2-13所示)

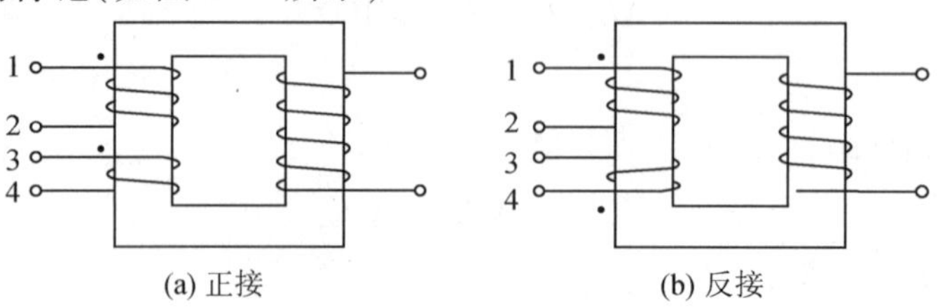

(a) 正接　　(b) 反接

图2-13　同极性端的标记

(2)同极性端的测定

①直流法

如图2-14所示，当K闭合时，毫安表正偏，则1和3为同极性端；当K闭合时，毫安表反偏，则1和4为同极性端。

②交流法

把两个线圈任意两端连接，当 $U_{13}=U_{12}-U_{34}$ 时，1和3是同极性端；当 $U_{13}=U_{12}+U_{34}$ 时，1和4是同极性端。

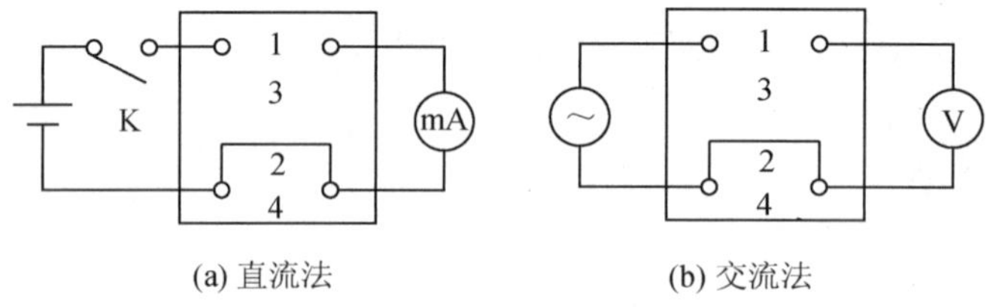

(a) 直流法　　(b) 交流法

图2-14　测量同极性端

三、自耦合变压器及仪用互感器

1. 自耦变压器

如图2-15所示，自耦变压器的副绕组是原绕组的一部分，原、副压绕组不但有磁的联系，也有电的联系。

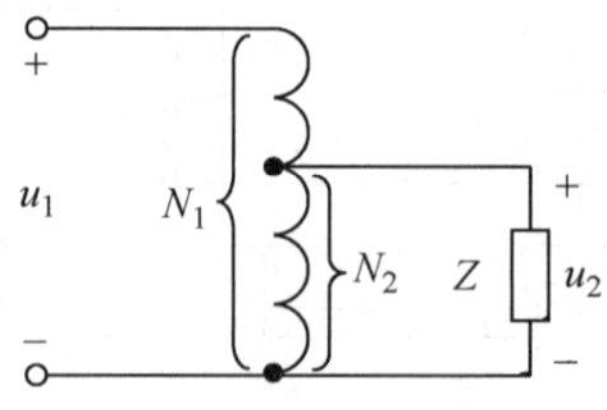

图2-15　自耦变压器

$$\frac{U_1}{U_2}=\frac{N_1}{N_2}=k \tag{2-14}$$

2. 仪用互感器

(1)电流互感器

如图 2-16 所示,电流互感器的原绕组线径较粗,匝数很少,与被测电路负载串联;副绕组线径较细,匝数很多,与电流表及功率表、电度表、继电器的电流线圈串联。电流互感器用于将大电流变换为小电流,使用时副绕组电路不允许开路。

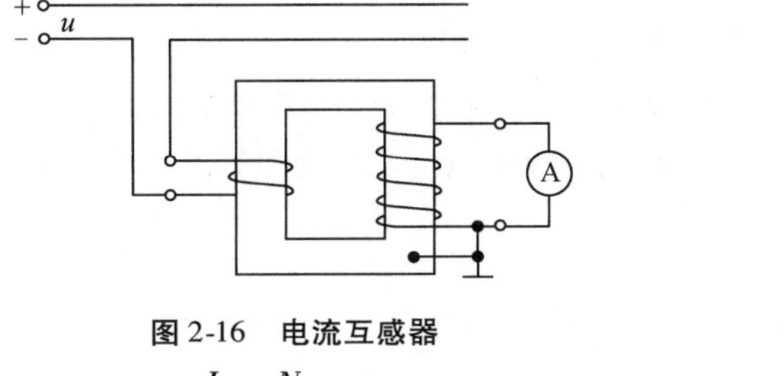

图 2-16　电流互感器

$$\frac{I_1}{I_2}=\frac{N_2}{N_1}=\frac{1}{k} \tag{2-15}$$

(2)电压互感器

如图 2-17 所示,电压互感器的原绕组匝数很多,并联于待测电路两端;副绕组匝数较少,与电压表及电度表、功率表、继电器的电压线圈并联。电压互感器用于将高电压变换成低电压,使用时副绕组不允许短路。

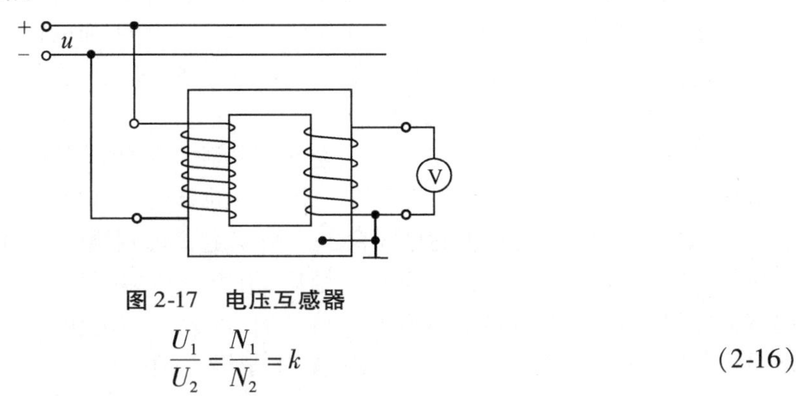

图 2-17　电压互感器

$$\frac{U_1}{U_2}=\frac{N_1}{N_2}=k \tag{2-16}$$

第三节　异步电动机

一、异步电动机的概述

交流异步电动机的作用是将交流电能转换为机械能。与其他电动机相比较,异步电动机具有结构简单、运行可靠、价格低廉、维护保养方便等一系列优点。随着交流变频技术的不断完善,异步电动机大范围平滑调速困难的主要缺点有了显著的改进,异步电动机在国民经济的各行各业得到了广泛的应用。目前船舶上几乎所有机舱辅机动力电机都采用异步电动机,而对于一些需要进行变速控制的拖动设备,如起货机、锚机等,目前也正逐步采用异步电动机来替代其他动力设备。异步电动机的主要缺点是必须从电网吸收滞后的无功功率,而轻载时功率因数更低,这对船舶电网以及发电机的运行较为不利。

二、三相异步电动机的结构和铭牌参数

1. 三相异步电动机的基本结构

三相异步电动机由静止的定子和转动的转子两大部分组成。定子和转子之间有一很小的气隙;按转子结构的不同,三相异步电动机分为鼠笼式和绕线式两大类。图 2-18 所示是三相鼠笼式异步电动机的结构图。

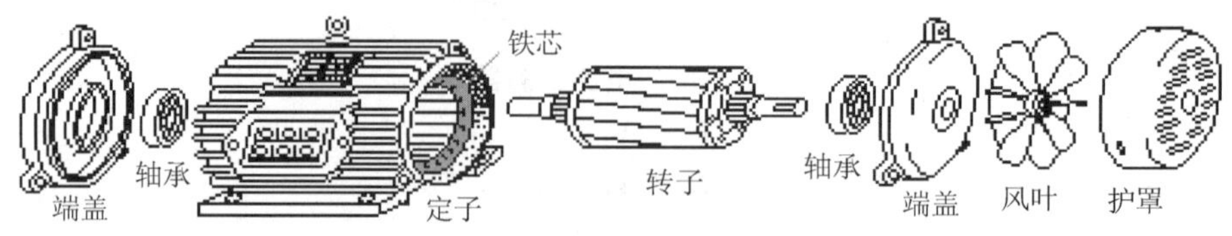

图 2-18　三相鼠笼式异步电动机结构图

(1)定子

异步电动机的定子由定子铁芯、定子绕组、机座、端盖和接线盒等部分组成。定子铁芯是电机磁路的一部分,同时用于嵌放定子绕组。为了产生较强的磁场和减小铁芯中的磁滞及涡流损耗,定子铁芯由 0.5 mm 左右厚度的硅钢片冲制、涂漆、叠压而成。以此片叠成的筒形铁芯的内圆表面分布有与轴平行的槽。

定子绕组为三相绕组,即有三组完全相同的独立绕组。各相绕组分别用绝缘铜线绕制,分布嵌放在相应定子铁芯槽内。三相的 3 个绕组的首尾端通常以 $U_1 - U_2$, $V_1 - V_2$, $W_1 - W_2$ 表示,6 个线端都固定接在机座的接线盒上。根据定子每相绕组的额定电压,以及所使用的电源电压的不同,分别进行星形或三角形联结后,引出三个端子接三相交流电源。例如,当电动机铭牌上标明“额定电压 380 V/220 V,Y/△”时,即表示当电源电压为 380 V 时,应将定子绕组做星形联结;电源电压为 220 V 时,则应将定子绕组做三角形联结。

(2)转子

如图 2-19 所示,异步电动机的转子有鼠笼式和绕线式两种形式。两种转子均包括转子铁芯、转子绕组、转轴、轴承、滑环(仅限绕线式中有)等。

鼠笼式转子铁芯用 0.5 mm 硅钢片叠成,压装在转轴上。以此片叠成的铁芯外圆的表面有均匀分布且与转轴平行的槽,槽内嵌放转子绕组。转子绕组是裸铜条或由铸铝制成。铜条绕组是把裸铜条插入转子铁芯槽内,两端用两个端环焊成通路。

铸铝绕组是将铝熔化后浇铸到转子铁芯槽内,两个端环及冷却用的风翼也同时铸成。一般小型鼠笼式异步电动机都采用铸铝转子。

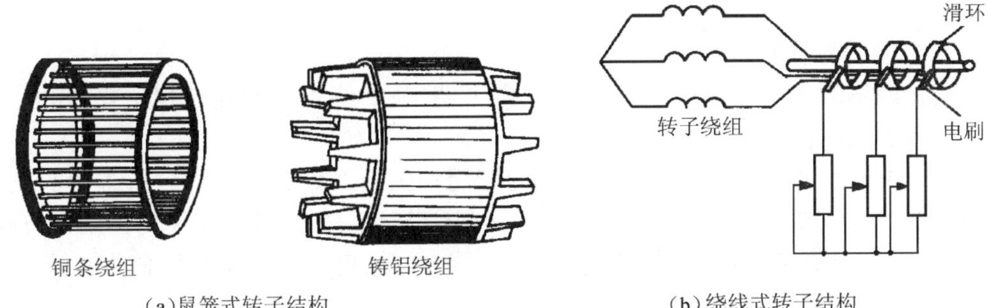

(a)鼠笼式转子结构　　(b)绕线式转子结构

图 2-19　异步电动机转子的结构

绕线式转子的铁芯同鼠笼式转子铁芯一样,但其绕组却和定子绕组相似,是以绝缘铜线绕制的三相对称绕组。绕组的排布形式必须与定子绕组相对应(具有相同的磁极对数),且通常联结成星形。三个线端分别接到固定于转轴上的三个铜制滑环上。通过滑环与固定于机座电刷架上电刷的滑动接触与外接电路接通。它的转子绕组回路中接入了附加电阻或其他控制装置,由改变异步电动机的转子电阻值来改善电动机的起动性能或调速性能。

(3)气隙

异步电动机定子与转子之间气隙很小,中小型电机一般为 0.2 ~2.0 mm。气隙的大小直接关系电动机的运行性能。一般而言,气隙越小,电机磁路的磁阻就越小,因而减小了励磁电流,提高了电动机运行时的功率因数;但是,过小的气隙不仅造成电机加工和装配的困难,而且运转时容易发生定子与转子的摩擦和碰撞。

2. 三相异步电动机的铭牌参数

异步电动机铭牌上的主要额定数据有:

(1)额定功率 P_N(kW):指额定运行时电动机轴上输出的机械功率。

(2)额定电压 U_N(V):在额定运行时,定子绕组所接电源线电压值。

(3)额定电流 I_N(A):电动机额定运行时定子绕组的线电流。

(4)额定频率 f_N(Hz):电源频率。

(5)额定转速 n_N(r/min):电动机额定运行时的转速。

(6)额定功率因数 $\cos\varphi_N$;电动机额定运行时的功率因数,一般为 0.8 ~0.85。

(7)定额:分成连续、短时和断续三种。定额为连续的电动机,在额定负载范围内,允许长期持续使用。短时或断续工作的电动机,则必须按电动机运行时间与运行加停车时间之比的相对持续系数(一般铭牌上给出)来确定运行时间。

此外,铭牌上还标有电动机的温升、绝缘等级、定子绕组的接法、防护等级等。

三、三相异步电动机的工作原理

异步电动机利用三相交流电在定子绕组中形成的定子旋转磁场与感生的转子电流相互作用产生的电磁转矩,进而驱动转轴工作。

1. 定子旋转磁场

(1)定子旋转磁场的产生

产生旋转磁场的基本条件有:①至少两个定子绕组;②绕组在空间有相位差;③通入各个绕组的电流要有相位差。

三相异步电动机的定子绕组沿定子铁芯内圆周均匀而对称分布。为分析方便起见,将每相绕组用一个单匝线圈来等效替代,三相的三个线圈仍对称分布,即在定子内圆周上彼此相隔120°空间。三相绕组的首、末端分别定为 U_1-U_2、V_1-V_2、W_1-W_2,并将它们做星形联结(把三个末端 U_2、V_2、W_2 联结在一起)。

当 A、B、C 三相交流电源分别接入三相绕组的 U、V、W 端后,三相定子绕组中便有三相对称电流 i_A、i_B 和 i_C 流过,其波形及相位关系如图 2-20 所示。设三相电流的正方向是从绕组的首端流入(用⊕表示)、末端流出(用⊙表示)。下面从几个不同瞬间来分析三相交流电流流过定子绕组所产生的合成磁场。

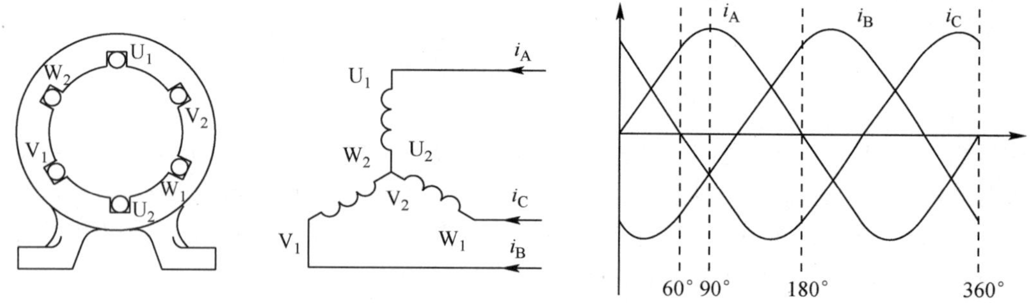

图 2-20　异步电动机定子三相绕组和三相电流

定子绕组的三相电流:

$$
\begin{aligned}
i_A &= I_m \sin\omega t \\
i_B &= I_m \sin(\omega t - 120°) \\
i_C &= I_m \sin(\omega t + 120°)
\end{aligned}
\tag{2-17}
$$

一对旋转磁场的形成:

$\omega t = 0°$时,$i_A = 0$,U 相绕组中没有电流;i_B 是负值,即 V 相绕组中电流由 V_2 端流进,V_1 端流出;i_C 为正值,即电流从 W_1 端流进,W_2 端流出。根据右手螺旋定则,可确定合成磁场磁轴的方向如图 2-21(a)所示。

$\omega t = 60°$时,$i_C = 0$;i_A 为正值,电流由 U_1 端流进,U_2 端流出;i_C 为负值,电流由 V_2 端流进,V_1 端流出,此时合成磁场如图 2-21(b)所示。相比 $\omega t = 0°$时刻,合成磁场在空间按逆时针方向旋转了 60°。

$\omega t = 90°$时,i_A 为正值,而 i_B、i_C 均为负值,同理可得合成磁场的方向如图 2-21(c)所示。与 $\omega t = 0°$时刻相比,合成磁场在空间按逆时针方向旋转了 90°。由此可见,随着定子绕组中的三相电流随时间不断变化,它所产生的合成磁场在空间内不断地旋转,即对称的三相电流通过定子对称三相绕组能够产生旋转磁场。

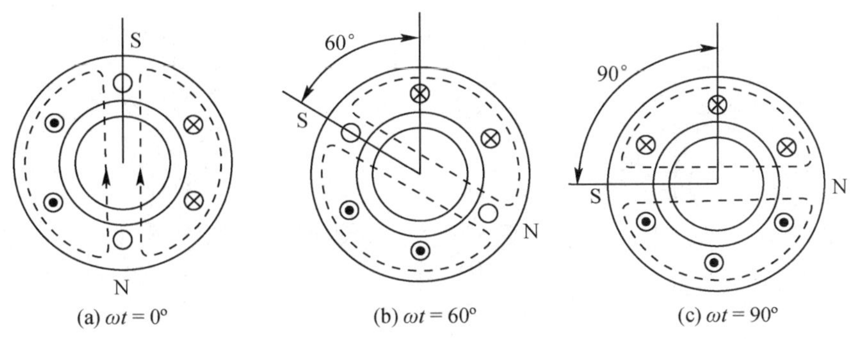

图 2-21　一对旋转磁场的形成

(2)旋转磁场的转向

在上述分析中,将相序为 A—B—C 的三相电压对应接入三相绕组 U、V、W 后,绕组中电流达到最大值的顺序即为 U—V—W,所产生的旋转磁场转向同样在空间由 U—V—W(图中为逆时针旋转)。由此可见,旋转磁场转向与三相绕组中电流达到最大值顺序是一致的,或者说是由三相绕组中所通电流的相序决定的。若要改变旋转磁场的转向,只需把通入定子绕组的电流相序改变,即任意交换两根电源进线即可。

(3)旋转磁场的转速与磁极对数

在图 2-20 中,将每相绕组等效简化为沿定子圆周相隔 180°排放的两个圈边,这样所产生的磁场为一对磁极。在这种情况下,当三相交流电流随时间变化一个周期,旋转磁在空间相应地旋转一周。

如图 2-22 所示,将每相定子绕组的线圈分为两个单元,并且串联,比如 U 相绕组由线圈 U_1-U_2 和 $U'_1-U'_2$ 串联组成。同一线圈的两个圈边相隔 90°跨距,这样联结、排布的绕组通入三相电流后,便会产生一个两对极(四极)的旋转磁场,如图 2-23 所示。

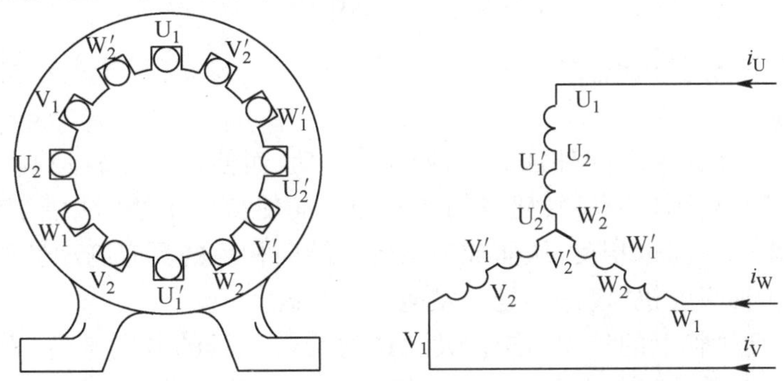

图 2-22　产生两对极旋转磁场的异步电动机定子绕组的联结方式

两对磁极磁场与一对磁极旋转磁场相比较可知,当三相交流电流在时间相位上变化了 90°时,一对磁极旋转磁场在空间转过了 90°,而两对磁极旋转磁场只转过了 45°。同理,当电流变化一周,则一对磁极旋转磁场转过 360°,而两对磁极旋转磁场转过 180°,以此类推。如果将定子每相绕组 P 个单元,则会形成 P 对磁极的旋转磁场。当电流变化一周,则其在空间转过 $1/P$ 转。如果定子绕组所接电源的频率为 f,则旋转磁场每分钟的转速为 n_0。

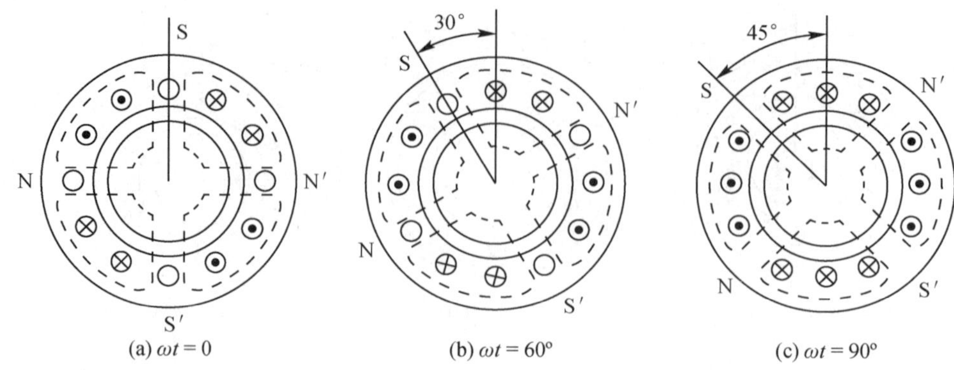

图 2-23　两对磁极旋转磁场的形成

$$n_0=\frac{60f}{p} \tag{2-18}$$

旋转磁场的转速 n_0，称为同步转速，它取决于定子绕组所接的电源的频率以及绕组的磁极对数。当电源频率为 50 Hz 时，一对极旋转磁场（$P=1$）时的同步转速为 3 000 r/min；两对极（$P=2$）时为 1 500 r/min；三对极（$P=3$）时为 1 000 r/min。

2. 三相异步电动机的转差率及其运行状态

异步电动机处于电动状态运行时，其转子转速 n 将始终小于旋转磁场的同步转速 n_0。因为如果转子转速 $n=n_0$，则转子绕组与旋转磁场之间就不存在相对运动，转子绕组不切割磁力线，因而就不存在转子感应电势、电流以及电磁转矩。因此，异步电动机的转子转速总是略小于定子旋转磁场的同步转速，即转子与旋转磁场“异步”转动，异步电动机由此命名。转差 n_0-n 的存在是异步电动机运行的必要条件。转差的相对值称为转差率，用 s 表示，它是异步电动机的一个基本参量（也称为同步转速的百分值），即

$$s=\frac{n_0-n}{n_0}\times 100\% \tag{2-19}$$

当电动机处于电动运行状态时，$0<n<n_0$，故 $0<s<1$。通常异步电动机在额定负载时的转差率为 1% ~9%。

如果电动机转子在其轴上的外加力矩驱动下转动，而使得转子转速高于同步转速，此时 $n>n_0$，故 $s<0$，转子绕组因切割旋转磁场的方向相反而使得转子绕组中感应电势和电流的方向都相反，电磁转矩的方向也相反，从而成为与转子转向相反的具有制动性质的阻转矩。在这种情况下，电动机转轴吸收机械功率，处于发电运行状态。

如果作用在电动机轴上的外加力矩使转子逆着旋转磁场的方向旋转，设旋转磁场的方向为正方向，$n_0>0$，则转子的转向为反向，$n<0$，因而 $s>1$。此时转子绕组中的感应电势和电流的方向仍与电动状态时一样，电磁转矩的方向与旋转磁场方向一致，而与转子实际转向相反，即电磁转矩呈现制动性质。在这种情况下，电动机一方面从轴上吸收机械功率，另一方面还从电网吸收电功率，两部分功率均在电动机内部损耗。异步电动机的这种运行状态为“电磁制动”状态。

综合上述分析，异步电动机的转速、转差率与运行状态的关系可归纳如下：

当 $n<n_0$ 时，$0<s<1$，异步电动机处于电动运行状态（以后若无特别指明，对异步电动机的分析均在此范围内进行）；

当 $n=0$ 时，$s=1$，异步电动机处于堵转状态（或电动机起动的瞬间）；

当 $n=n_0$ 时，$s=0$，异步电动机处于理想空载运行状态；

当 $n>n_0$ 时，$s<0$，异步电动机处于发电制动状态；

当 $n<0$ 时，$s>1$，异步电动机处于电磁制动状态。

四、三相异步电动机的工作特性

三相异步电动机的主要工作特性是指电动机在额定电压和额定频率下运行时，电动机的定子电流功率 I_1、功率因数 $\cos\varphi_1$、电磁转矩 T、效率 η 随着输出功率 P_2 变化的关系。异步电动机的工作特性，可以通过直接给异步电动机带负载测得工作特性，也可以利用等效电路计算而得。

五、三相异步电动机的起动、调速、制动

1. 三相鼠笼式异步电动机的起动

(1) 全电压直接起动

全电压直接起动就是将电动机的定子绕组经开关设备直接与三相额定电源电压接通。电动机直接起动具有设备简单、操作方便等优点。在全电压直接起动时，电动机定子绕组接通电源瞬间，转子由于惯性不能立即转动，此时转子电势和电流较大，因而定子电流也较大，通常起动电流 $I_{st}=(5\sim7)I_N$。从我国《钢质海船入级规范》所限定的电网电压降的角度来确定船舶上的鼠笼式异步电动机能否直接起动。目前的交流船舶电站容量较大，并装有性能良好的自动电压调整器，机舱中各类容量在发电机单机容量60%以下的鼠笼式异步电动机几乎都采用全电压直接起动。

(2) 降压起动

①星—三角形减压起动

此方法适用于正常运行时电动机定子绕组为三角形联结（即定子每相绕组额定电压为电网线电压）的异步电动机，且负载为轻载或空载起动的拖动系统。起动时先将电动机的定子绕组星形联结后与电源接通，待电动机转速升高、电流减小后，再通过继电接触器等开关装置将绕组改为三角形联结，进入正常运行。其优点是体积小、重量轻、物美价廉、运行也很可靠，而且检修方便；其缺点是起动电压只能降到 $1/\sqrt{3}$，不能像自耦变压器降压起动那样，可按不同的负载选择不同的起动电压。

②自耦变压器减压起动控制

正常运行时，星形联结的大容量异步电动机无法转为三角形运行，可采用自耦变压器实现降压起动。起动时三相自耦变压器的原边绕组接电源，而副边与电动机的定子绕组相连，电动机在经过变压器降压的电压下起动。对采用变比为 K 的自耦变压器降压起动，起动时电网提供的电流是直接起动时的 $1/K^2$ 倍。同理，由于降压 K 倍起动，起动转矩将为直接起动时的 $1/K^2$ 倍。实际应用中，自耦变压器的副边绕组一般有三个不同变比的抽头（如 $K=0.55$、0.64、0.73 等）以满足不同负载对不同降压幅度的起动要求。

2. 绕线式异步电动机的起动控制

绕线式异步电动机转子串电阻不仅可以增大起动转矩,同时还可以减小起动电流,这是改善电动机起动性能的一种有效方法。起动时,在转子回路中串入三相对称电阻,随着转速的升高,通过继电接触器或频敏变阻器等自动装置逐级切除外部串接电阻,进入正常运行后应将所串电阻全部切除。此种起动方法,可以在最大转矩起动;但起动控制过程相对复杂一点。

3. 三相异步电动机的调速

根据异步电动机的转差率 s 和同步转速 n 的定义,可导出其转速的表达式:

$$n = n_0(1-s) = \frac{60f}{p}(1-s) \tag{2-20}$$

由上式可知,对异步电动机的调速可分别通过改变转差率 s、定子绕组磁极对数 p 以及电源频率 f 来实现,下面分别介绍这三种调速方法。

(1)三相异步电动机改变转差率的调速

改变转差率的调速,其实质就是通过改变电动机机械特性曲线硬度进行调速。具体的方法为:

①转子串电阻调速:这种方法只适用于绕线式异步电动机。转子串电阻调速方法简单、可实现多级调速;但在轻载或空载时调速范围小,调速效果不明显。

②改变定子电压的调速:这种方法对于通风机性质负载,调速范围大;而对于恒转矩性质负载,调速范围小。

(2)三相异步电动机改变定子绕组磁极对数的调速

变极调速一般只适用于鼠笼式异步电动机。异步电动机定子绕组极对数的改变可通过以下两种方法实现:

①采用可变极双速绕组:对于双速定子绕组的异步电动机,改变其定子绕组的接线方式,即可使定子极对数成倍地变化,从而达到调速的目的。

②采用多套不同极对数的定子绕组:电动机的定子铁芯槽内嵌放两套(或多套)不同极数的绕组,运行时根据需要,将其中一套与电源相接。这样就可通过两套绕组间的换接,实现两种转速的变极调速。如果这两套绕组本身就是双速绕组,则电动机便可实现四速变极调速。

(3)三相异步电动机改变电源频率的调速

变频调速与变极调速相似,都是通过改变定子旋转磁场的同步转速来实现的。在电源频率可连续、大范围变化的前提下,可以实现对电动机平滑、大范围的调速。通常要求在保持 Φ 不变的情况下进行变频调速,即在降低频率的同时电源电压也按比例下调。

4. 三相异步电动机的制动控制

电动机在运行过程中,若其电磁转矩的方向与转子转速的方向相反,则为电动机的制动运行状态。对电力拖动系统而言,此时电磁转矩成了制动转矩,其产生的制动作用称为电气制动。电气制动可用于拖动系统减速或加速停车、起货机等位能性负载的匀速下降等场合。电气制动根据其产生的条件和方法的不同,可分为反接制动、能耗制动和回馈制动等三种。

(1)三相异步电动机反接制动控制

反接制动是利用改变电动机电源相序,使定子绕组产生的旋转磁场与转子旋转方向相反,因而产生制动力矩的一种制动方法。应注意的是,当电动机转速接近零时,必须立即断开电源,否则电动机会反向旋转。

另外,由于反接制动电流较大,制动时需在定子回路中串入电阻以限制制动电流。反接制动电阻的接法有两种:对称电阻接法和不对称电阻接法,如图 2-24 所示。

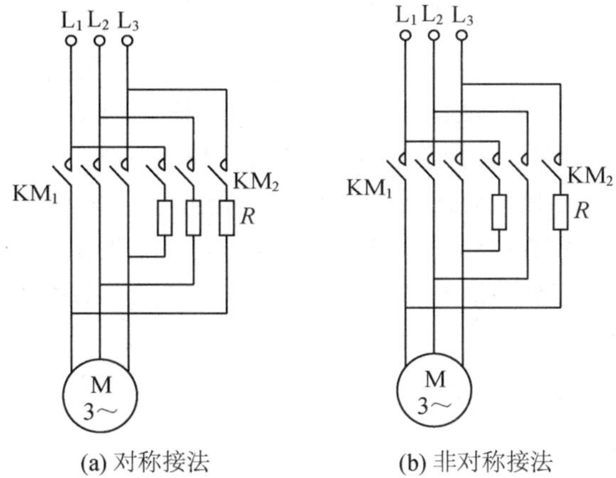

(a) 对称接法　　(b) 非对称接法

图 2-24　三相异步电动机反接制动

(2)三相异步电动机能耗制动控制

图 2-25 为能耗制动接线图。三相异步电动机能耗制动时,切断定子绕组的交流电源后,在定子绕组任意两相通入直流电流形成一固定磁场,与旋转着的转子中的感应电流相互作用产生制动力矩。制动结束后必须及时切除直流电源。在制动过程中通过电磁感应将动能转化为电能,并全部消耗在转子电路中,故称其为能耗制动。

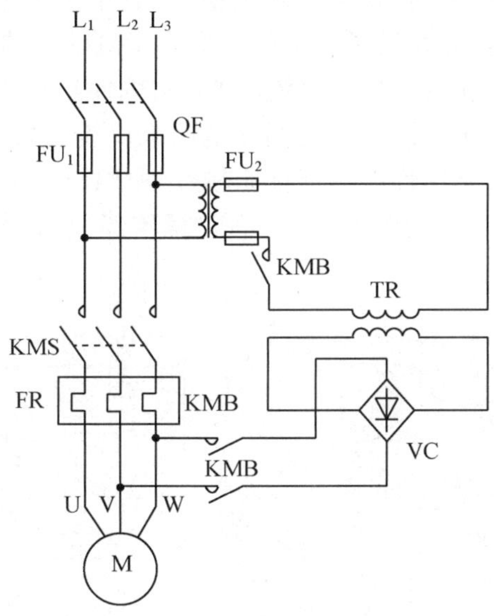

图 2-25　能耗制动接线图

(3)回馈制动控制

回馈制动又叫再生发电制动。回馈发电制动是指在电动机转向不变的情况下,由于某种原因,使得电动机转速大于同步转速,比如在起重机放下重物,电动车下坡时都会出现这种制动,重物拖动转子转速大于同步转速,转子产生的感应电动势及转子电流也反向,转子受到制动力矩,使得重物下降。电动机将势能回馈给电网,故又称回馈制动。

第四节 控制电机

伺服电动机又称执行电动机,是自动控制系统和计算机外围设备中常用的执行元件。它的功能是将输入的电压控制信号转换为轴上输出的角位移和角速度,驱动控制对象。通常的电机是进行能量转换的装置,其主要问题是如何提高能量转换的效率,而控制电机的主要任务是转换和传递控制信号,能量的转换是次要的。控制电机的要求:动作灵敏准确、重量轻、体积小、耗电少、运行可靠等。伺服电动机可控性好,反应迅速。本节介绍几种常用的控制电机及其在船舶上的应用。

一、伺服电动机

伺服电动机在控制系统中是用作驱动控制对象的执行元件,它的转矩和转速受电压信号的控制。电动机的转速和转动方向随着电压信号的大小和极性变化而灵敏、准确地变化,在自动控制系统中有着非常广泛的应用。常用的伺服电动机有交流和直流两种。

1. 交流伺服电动机

交流伺服电动机是两相异步电动机,它的定子结构与普通单相异步电动机很相似。定子上绕有两个形式相同并在空间互差90°电角度的绕组,其中一个为励磁绕组,另一个为控制绕组。转子分笼型和杯型两种。笼型转子与一般小型异步电动机的相同。空心杯转子交流伺服电动机的空气隙较大,励磁电流约占额定电流的80%,因而功率因数和效率都较低,体积和重量也比较大;但它的转动惯量小,反应灵敏,调速范围大。笼型转子结构简单、制造方便,除转动惯量较空心杯转子大以外,其他性能指标都比较好,所以应用很广泛。在船舶自动控制系统中应用的是鼠笼转子形式的交流伺服电动机,而陀螺罗经内常用转杯型交流伺服电动机(见图2-26)。

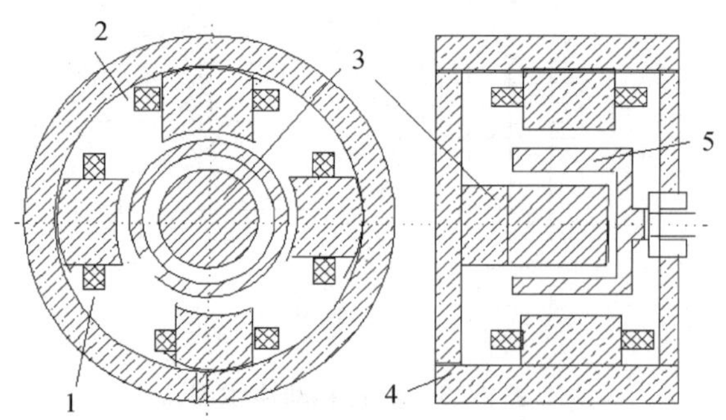

图2-26 转杯型交流伺服电动机

1—励磁绕组;2—控制绕组;3—内定子;4—外定子;5—转子

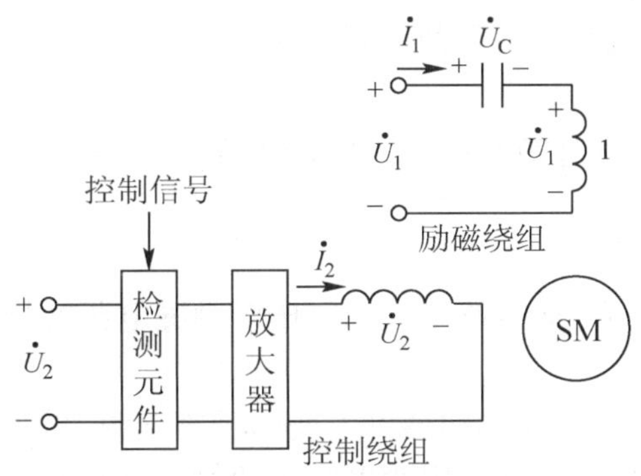

图 2-27 交流伺服电动机接线图

工作原理：

工作时两个绕组中产生的电流 $\dot{I}_1$ 和 $\dot{I}_2$ 的相位差近于90°，因此便产生两相旋转磁场。转子在旋转磁场的作用下转动。加在控制绕组上的控制电压反相时（保持励磁电压不变），旋转磁场的旋转方向发生变化，使电动机转子反转。

交流伺服电动机在运行中如控制电压为零，电动机立即停转，这是交流伺服电动机的特点，也是自动控制系统所要求的。

2. 直流伺服电动机

直流伺服电动机的结构与一般的他励直流电动机类似，只是造型细长以利于减小转动惯量。它的励磁绕组和电枢分别由两个独立电源供电，通常采用电枢控制。直流伺服电动机有电磁式和永磁式两种基本结构类型。后者的磁极为永久磁铁，采用具有矫顽磁力和剩磁感应强度值很高的稀土永磁材料制成。永磁体虽很薄仍能提供足够的磁感应强度，因而使电机的体积小、质量轻。永磁材料能力强，使电机不会因振动、冲击、多次拆装而退磁，提高了磁稳定性。

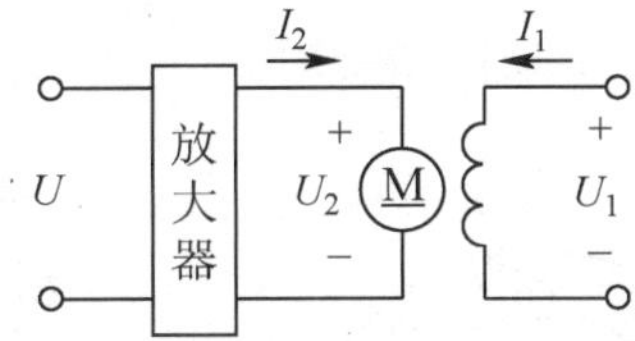

图 2-28 直流伺服电动机的接线图

3. 伺服电动机的控制

（1）直流伺服电动机的控制方式

直流伺服电动机有电枢控制和磁极控制两种基本方式。

①电枢控制

改变电枢电压来控制转速，适用于电励磁和永磁励磁直流伺服电动机。

②磁极控制

调节磁通来控制转速，仅适用于电励磁直流伺服电动机。由于磁极控制直流伺服电动机停转时有电枢电流大，磁极绕组匝数多、电感大，时间常数大等缺点，因此已很少采用。

（2）交流伺服电动机的控制方式

当励磁绕组接至电压值不变的励磁电源，若改变控制信号的大小，或者改变它与励磁电压间的相位，都能改变电机气隙磁场的椭圆度，也就能够影响电机的工作状态，达到对电机控制

的目的。据此,交流伺服电机有下列几种控制方式:

①幅值控制

控制电压与励磁电压之间保持90°相位差不变,通过改变控制信号(电压)的幅值来改变电机的转速。

②相位控制

控制电压的幅值保持不变,通过改变控制电压对励磁电压的相角来实现对电机的控制。

③电容控制

励磁回路串联电容后接到相位和幅值都不变的励磁电源,当改变控制电压幅值时,由于励磁回路电流发生变化,使励磁绕组及其串联电容上的电压分布发生变化,从而使控制电压与励磁绕组上的电压间的相位角也发生变化。

④双相控制

励磁电压与控制电压间的相位固定为90°,而励磁电压的幅值随控制电压信号的改变而做出同样的改变,也就是说,不论控制信号大小,电机始终在圆形旋转磁场下工作,可获得最大输出功率和效率。

二、测速发电机

测速发电机是一种转速测量传感器。用来测量旋转装置的转速,向控制电路提供与转速大小成正比的信号电压作为检测元件应用的测速发电机,其线性误差必须很小,为千分之几到万分之几。目前高精度的异步测速发电机线性误差可达到0.05%左右。测速发电机分为交流和直流两种类型。交流测速发电机又分为同步式和异步式两种,这里只分析异步式交流测速发电机的工作原理。

如图2-29所示,异步式交流测速发电机的结构与杯形转子交流伺服电机相似,它的定子上有两个绕组,一个是励磁绕组,一个是输出绕组。

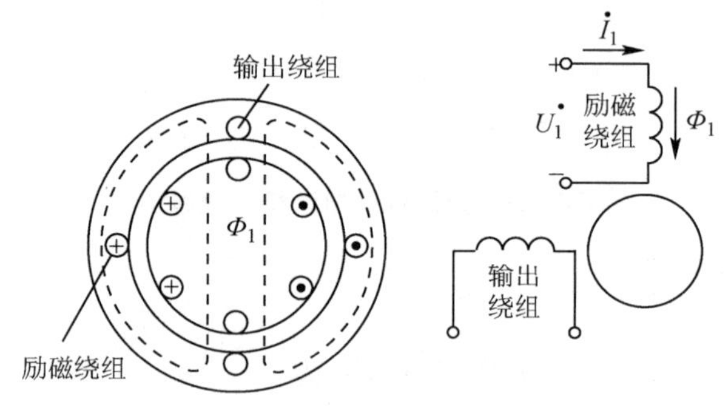

图2-29　交流测速发电机的原理图

当测速发电机运行时,测速发电机的励磁绕组接交流电源 U_1,由 $U_1 \approx 4.44 f_1 N_1 \Phi_1$ 可知:

$$\Phi_1 \propto U_1$$

被测转动轴带动发电机转子旋转时,转子切割 Φ_1 产生转子感应电势 E_r 和转子电流 I_r,它们的大小与 Φ_1 和转子转速 n 成正比:

$$I_r \propto E_r \propto \Phi_1 n$$

转子电流 I_r 也产生磁通 Φ_r,Φ_r 在输出绕组中感应出电压 U_2,U_2 的大小与 Φ_r 成正比:

$$U_2 \propto \Phi_r$$

综合上述分析可知：

$$U_2 \propto \Phi_1 n \propto U_1 n$$

当 U_1 恒定不变时，U_2 与 n 成正比，这样，发电机就把被测装置的转速信号转变成了电压信号，输出给控制系统。转动方向改变，输出电压的相位改变 180°。由于铁芯线圈电感的非线性影响，交流测速发电机的输出电压 U_2 与 n 间存在着一定的非线性误差，使用时要注意加以修正。

三、自整角机

在同步传动系统（即转角随动系统）中，为了实现两个或两个以上相距很远而在机械上又互不联系的转轴进行同步角位移或同步旋转，常采用电气上互相联系，并通过具有自动整步能力的电机来实现转角的自动指示或同步传递，这种电机称为自整角机。自整角机是测量角度用的微型电机，它通过电气的连接，使两个或两个以上在机械上不相连接的转轴做同向偏转，从而对不同转轴之间的角位移或角速度的偏差进行自动整步，自整角机也可将上述不同转轴之间的角位移或角速度的偏差转换成电信号输出。前者称为力矩式自整角机，后者称为控制式自整角机。自整角机工作时必须是两个或两个以上同时使用，其中之一为发送机，另外一个或多个为接收机。

力矩式和控制式自整角机的结构基本相同，有定子和转子两大部分。定子铁芯上嵌放单相励磁绕组，作为磁极，产生交变磁场；转子铁芯上嵌放三相绕组，称为整步绕组，三相整步绕组通过滑环和电刷引出接线。也有将自整角机的三相整步绕组嵌放在定子铁芯上，而励磁绕组则嵌放在转子铁芯上，工作原理是一样的。

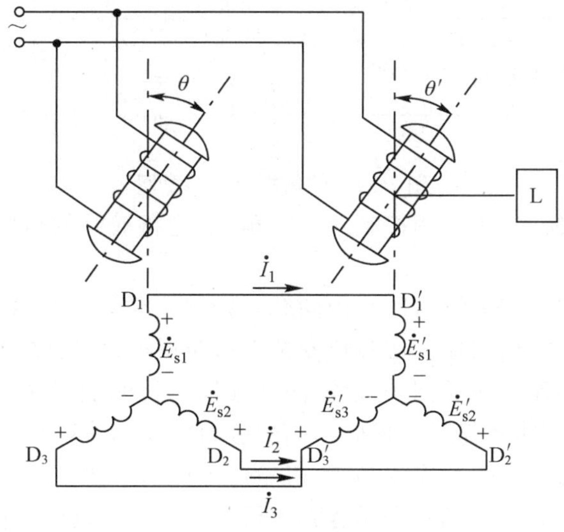

图 2-30　力矩式自整角机的接线图

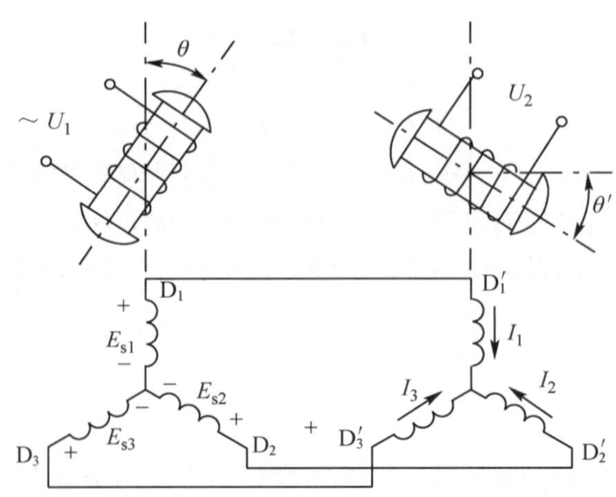

图 2-31　控制式自整角机的接线图

舵角指示器是船舶中用以反映舵叶偏转角的装置。图 2-32 为交流舵角指示器的原理示意图。它是由力矩式自整角机组成的同步跟踪系统。发送机安装在舵机上,其转子与舵柱机械联结;而多台接收机(图中只画出一台)分别安装在驾驶台、机舱操纵室等处,其转子带动指针偏转,指针也就随舵叶同步偏转,它在刻度盘上所指示的角度,即表示舵叶偏转的角度。

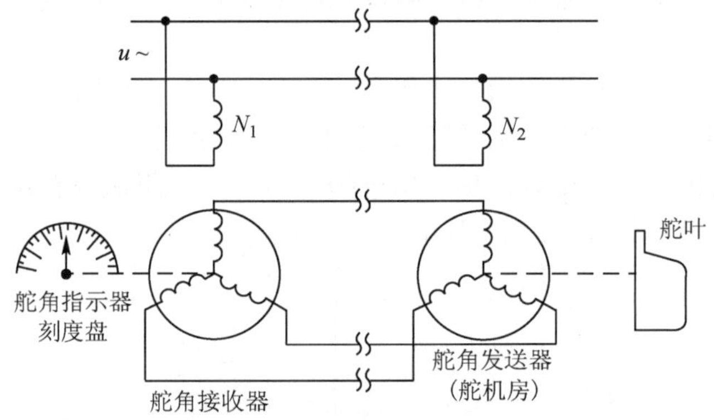

图 2-32　舵角指示器示意图

在自动操舵控制系统中,常采用控制式自整角机,它将舵叶的偏转角转换成电压输出,用以作为控制信号或反馈信号。

自整角机也用于交流电动传令钟中,由两套力矩式自整角机组成。驾驶台传令钟手柄与驾驶台发送机转子机械连接,对应的接收机安装在机舱操纵台,其转子带动机舱传令钟指针同步偏转;另一套自整角机用于机舱回令系统,回令手柄与机舱的发送机机械连接,驾驶台回令指针由驾驶台接收机转子带动做同步偏转。当驾驶台向机舱发送车令时,将手柄扳至所需车速位置,使发送机转子转过一个相应的角度,机舱传令钟的指针在接收机转子带动下也同步偏转一个角度,从而将驾驶台发出的车令传送到了机舱。回令系统的动作过程与传令系统相反。当然,电车钟按其传讯原理的不同还有多种不同方式,如利用指示灯系统传讯原理的灯光传令钟;利用直流自动同步传讯原理的直流电动传令钟等。在自动操舵控制系统中,常采用控制式自整角机,它将舵叶的偏转角转换成电压输出,用以作为控制信号或反馈信号。

第五节　渔船常用控制电器

船舶常用控制电器主要包括主令电器、熔断器、接触器、继电器及电磁制动器。下面介绍几种常用的低压电器。

一、主令电器

1. 组合开关

组合开关又称转换开关，是一种多路多极开关，可以控制多个电器回路通断的主令开关，如图 2-33 所示，一般在电气控制设备中作电源的引入开关，也可用来控制小容量三相异步电动机的起动、停止和正反转用，常用的有 HZ10 系列。注意：这是通断较大电流的转换开关，与通过小电流的万能转换开关不同。若解体应注意弹簧的安装。弹簧的作用：快速通断，避免损坏触头。

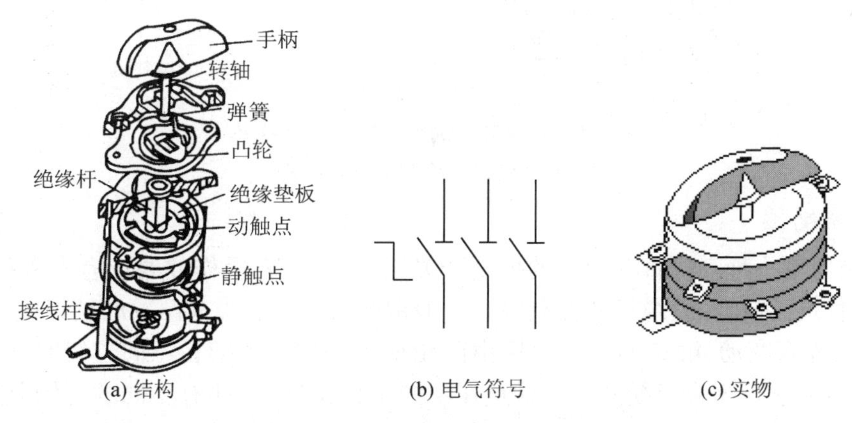

图 2-33　HZ10 系列组合开关结构图

2. 按钮

按钮开关通常用来接通或断开控制电路，其外形图和结构原理图如图 2-34 所示。在未按下按钮时，2-34(a) 中上面一对静触点处于闭合状态，该对触点称为动断(常闭)触点；处于原理图 2-34(a) 中下面一对静触点，处于断开状态，该对触点称为动合(常开)触点；将按钮按下时，上面一对静触点先断开，下面一对原来断开的静触点后闭合。

3. 行程开关

行程开关又称限位开关，是利用机械运动部件的碰撞或接近来控制其触点动作的开关电器，用来控制机械运动部件的行程和变换运动的方向、速度及程序控制。电路符号如图 2-35 所示，图 2-35(a) 为动合触点，图 2-35(b) 为动断触点。

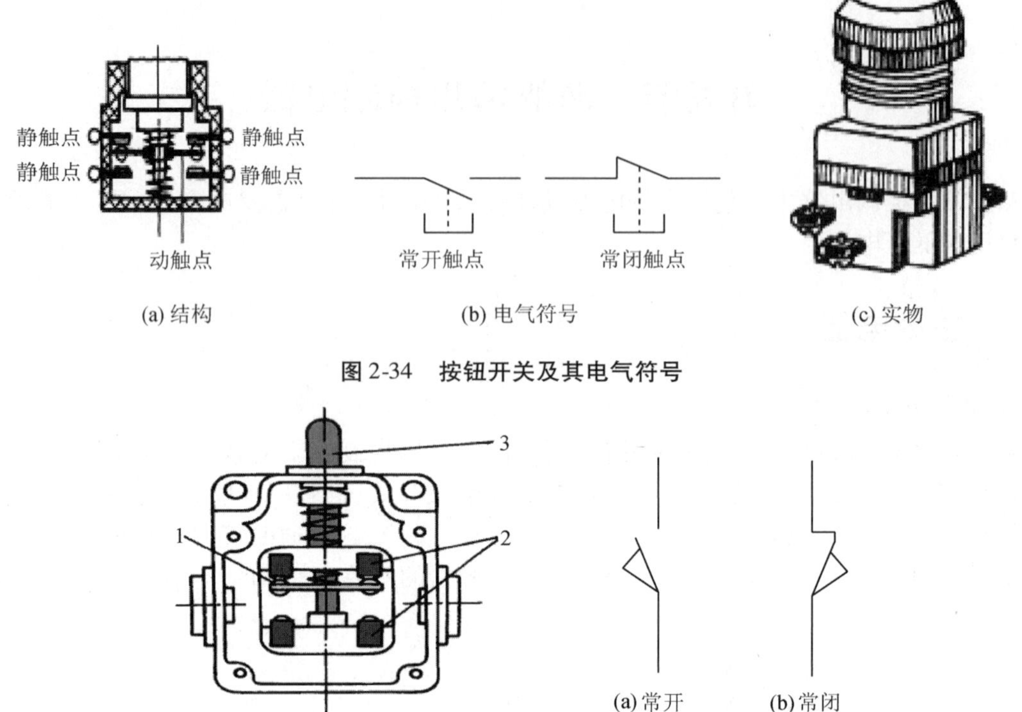

图 2-34　按钮开关及其电气符号

图 2-35　行程开关的外形图和电气符号

1—动触点;2—静触点;3—推杆

4. 主令控制器

主令控制器是一种多位置多回路的控制开关,适合于频繁操作并要求有多种控制状态的场合,例如起货机、锚机和绞缆机的控制等。一般由触头装置和带有凸轮的轴组成。凸轮位置随手柄工作位置而变动,触点的开闭次序由凸轮形状决定。手柄在不同位置时,凸轮位置改变,从而使相应的触点闭合或断开。各触点在不同工作位置时,便有不同的开闭状况,从而改变了相应的触点闭合或断开状态。图 2-36(a)所示的是主令控制器的结构示意图,图 2-36(b)所示的是主令控制器的电路符号及相应的触头通断表。

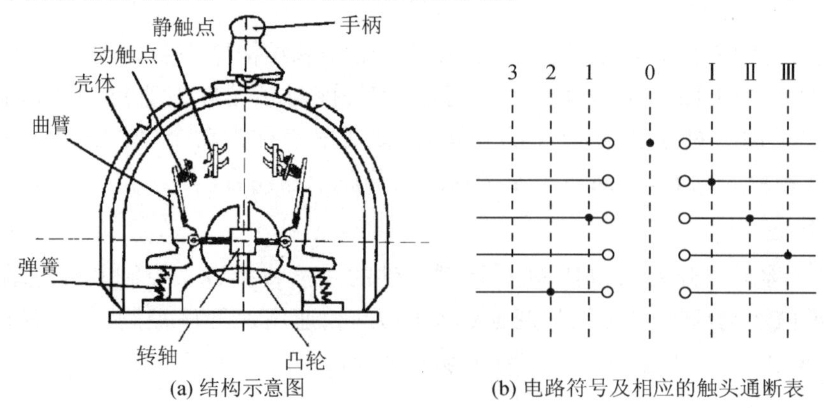

图 2-36　主令控制器

二、熔断器

低压熔断器是低压配电系统中起安全保护作用的一种电器，广泛应用于电网保护和用电设备保护，主要用作短路保护，有时也可起过载保护作用。

熔断器主要由熔体、熔片、绝缘底座等组成，如图 2-37 所示。熔体是整个熔断器的核心部分，常做成丝状或片状。熔体材料必须具有熔点低、导电性能好、易于熔断、不易氧化等性质。制作熔体的材料有铅锡合金、锌、银、铜等。

熔断器按结构可分为开启式、半封闭式和封闭式三种。封闭式熔断器又分为无填料管式、有填料管式和有填料螺旋式等。

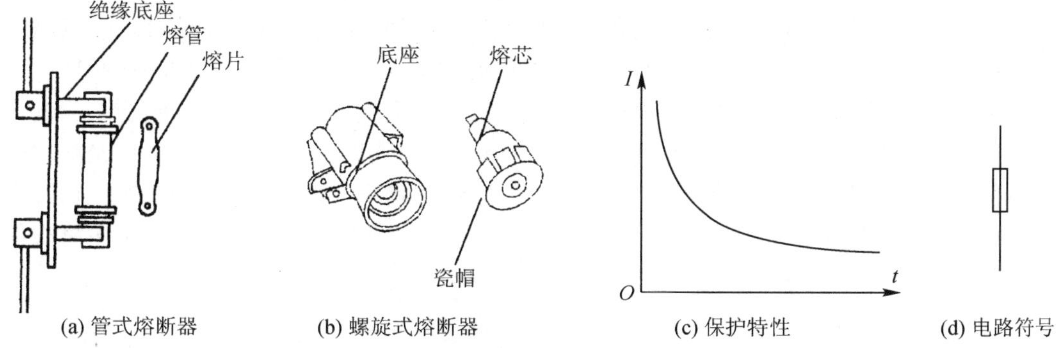

图 2-37　熔断器

熔断器主要根据负载的情况和电路短路电流的大小来选择。对于容量较小的照明线路或电动机的保护，可选用半封闭式熔断器或无填料封闭式熔断器；对于短路电流相当大的电路或有易燃气体的地方，应选用有填料封闭式熔断器；对于晶闸管及硅元件的保护，应选用快速熔断器。

(1) 电灯支路：熔体额定电流≥支路上所有电灯的工作电流之和。

(2) 单台直接起动电动机：熔体额定电流 = (1.5 ~ 2.5) × 电动机额定电流。

(3) 配电变压器低压侧：熔体额定电流 = (1 ~ 1.2) × 变压器低压侧额定电流。

三、接触器

接触器是利用电磁吸力原理以频繁地接通和切断大电流电路（即主电路）的开关电器。接触器按控制电流的种类可分为：交流接触器和直流接触器，两类接触器在触点系统、电磁机构、灭弧装置等方面均有所不同。

接触器电路符号如图 2-38 所示，图 2-38(a) 是接触器的线圈，图 2-38(b) 是接触器的动合主触点，图 2-38(c) 是接触器的动断主触点，图 2-38(d) 是接触器的动合辅助触点，图 2-38(e) 是接触器的动断辅助触点。

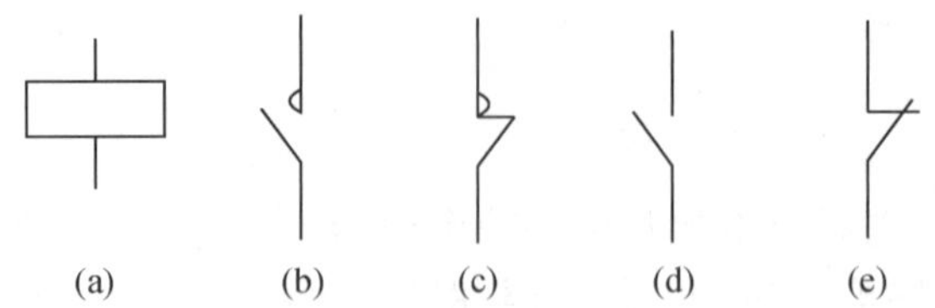

图 2-38　接触器电路符号

1. 交流接触器

图 2-39 是交流接触器的结构图和原理图。它主要由电磁铁和触点两部分组成。电磁铁的铁芯分上、下两部分,下铁芯是固定不动的静铁芯,上铁芯是可以上下移动的动铁芯。电磁铁的线圈装在静铁芯上。每个触点组包括静触点和动触点两部分,动触点与动铁芯直接连在一起。线圈通电时,在电磁铁吸力的作用下,动铁芯带动动触点一起下移,使同一触点组中的动触点和静触点闭合或断开。线圈断电后,电磁铁吸力消失,动铁芯在弹簧作用下复位,触点组也恢复到原来的状态。交流接触器接通交流电后,铁芯上会产生涡流损耗而发热,为此交流接触器的铁芯采用硅钢片叠成。交流电压产生的磁通一个周期内两次过零,其吸力也过零,使得衔铁发生振动,发出噪声。为消除交流接触器的振动和噪声,交流接触器的铁芯上需加装短路环。图 2-40 为交流接触器铁芯上装设短路环的示意图。选用交流接触器时,应注意线圈的额定电压、触点的额定电流和触点的数量。

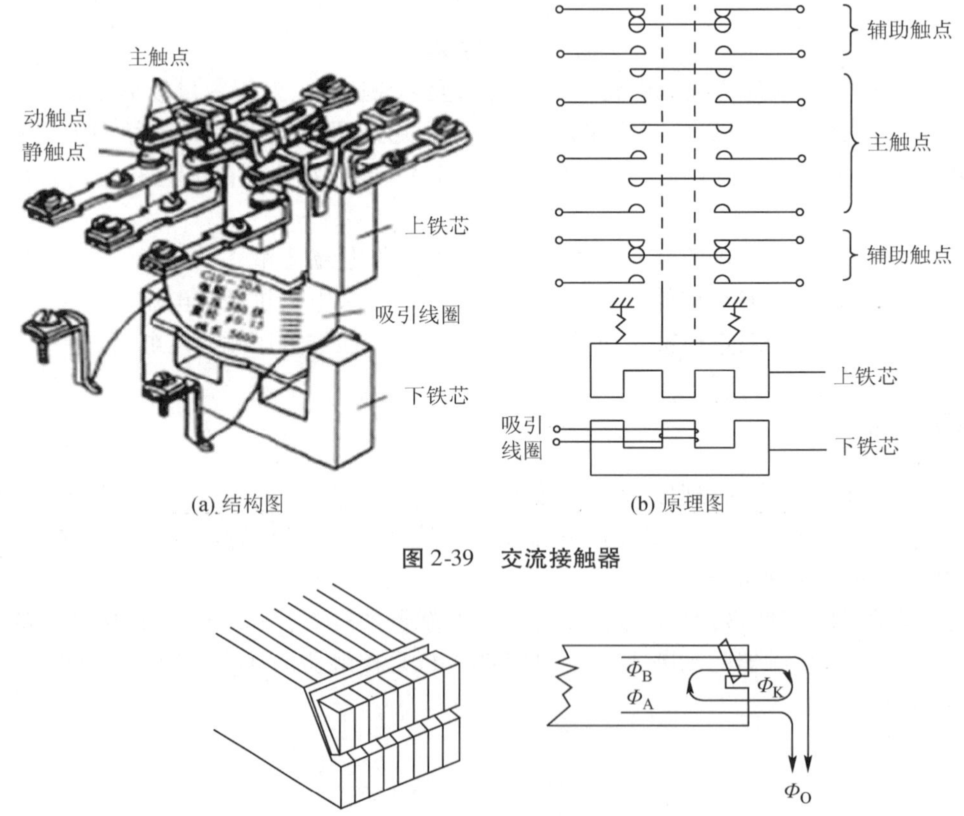

(a) 结构图　(b) 原理图

图 2-39　交流接触器

图 2-40　短路环

2. 直流接触器

直流接触器由操作电磁系统、触点灭弧系统、辅助触点及底板等部分组成。当接通操作线圈的操作电源时，电磁系统就产生电磁吸力，带动可动部分，使接触器触点闭合；当操作线圈断电时，电磁吸力消失，在触点压力和反力弹簧的带动下，使触点断开。

在电磁机构中，交流接触器与直流接触器有很大的区别：交流接触器的线圈铁芯和衔铁由硅钢片叠成，以便减少铁损；而直流接触器的铁芯和衔铁可用整块钢。交流接触器的吸引线圈因具有较大的交流阻抗，故线圈匝数比较少，且采用较粗的漆包铜线绕制；而直流接触器的线圈匝数较多，绕制的漆包线较细。

四、继电器

继电器是根据电量（如电流、电压）或非电量（如时间、温度、压力、转速等）的变化而通断控制线路的电器，常用于信号传递和多个电路的扩展控制。

1. 时间继电器

时间继电器具有接收或失去电信号后触点延时动作的特点。根据工作原理可分为电磁式、空气阻尼式、电动式、钟摆式及半导体等多种类型。根据其在线路中的动作要求，通常可分为四种类型。各类触点的动作要求及图形符号见表 2-1。

表 2-1　时间继电器延时触点的图形符号

符号名称	图形符号
常开通电延时闭合	KT
常闭通电延时断开	KT
常闭断电延时闭合	KT
常开断电延时断开	KT

2. 热继电器

电动机不允许长期过载运行，但又需要具有一定的短时过载能力。当电动机超过额定电流运行使得电动机绕组的温度一旦超过允许值，就应立即将电动机的电源自动切断。目前常用的过载保护电器是热继电器，热继电器电路符号如图 2-41 所示，图 2-41（a）是热继电器的热元件；图 2-41（b）是热继电器的动断（常闭）触头，图 2-41（c）是热继电器的主触头。

图 2-42 是热继电器的外形图和原理图。它由发热元件、双金属片、触点及一套传动和调整机构组成。发热元件是一段阻值不大的电阻丝。串接在保护电动机的主电路中。双金属片由两种不同热膨胀系数的金属片压制而成。图中所示的双金属片，下层片的热膨胀系数大，上层片的热膨胀系数小。当电动机过载时，通过发热元件的电流超过额定电流。双金属片受热向上弯曲脱离扣板，使常闭触点断开。由于常闭触点是接在电动机的控制电路中的，它的断开会使得与其相连的接触器线圈断电，从而使接触器主触点断开，电动机的主电路断电，实现了

过载保护。

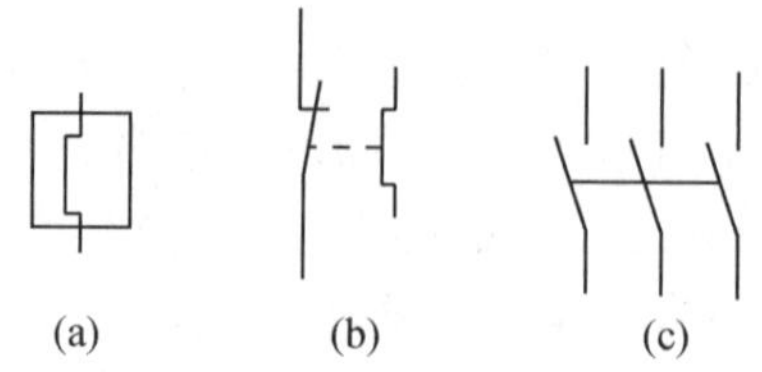

图 2-41 热继电器的电路符号

热继电器动作后，双金属片经过一段时间冷却，按下复位按钮即可复位。热继电器的主要技术数据是整定电流。整定电流是指长期通过发热元件而不致使热继电器动作的最大电流。当发热元件中通过的电流超过整定电流值的20%时，热继电器应在20 min内动作。热继电器的整定电流大小可通过整定电流旋钮来改变。选用和整定热继电器时应使整定电流值与电动机的额定电流一致。

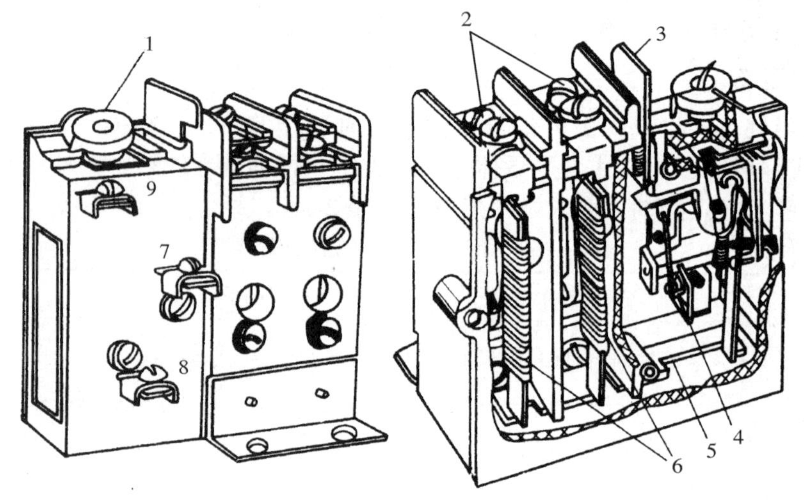

图 2-42 热继电器

1—电流整定装置；2—主电路接线柱；3—复位按钮；4—常闭触头；5—动作机构；6—发热元件；7—常闭触头接线柱；8—公共动触头接线；9—常开触头接线柱

五、电磁制动器

电动机的机械制动是采用电磁制动器来实现的，常见的有圆盘式和抱闸式。

1. 圆盘式电磁制动器

圆盘式电磁制动器如图 2-43 所示，当电动机运转时，电磁刹车线圈通电产生吸力，将静摩擦片吸住，而与动摩擦片脱开，使电动机可自由旋转。停车时，刹车线圈失电，静摩擦片被反作用弹簧紧压到安装在电动机轴上的动摩擦片上，产生摩擦力矩，迫使电机停转。

2. 抱闸式电磁制动器

抱闸式电磁制动器又叫电磁抱闸，其制动原理与圆盘式相仿。它由制动电磁铁和制动闸瓦制成。当制动电磁铁线圈通电时，产生吸力，使抱闸闸瓦松开，电动机便能自由转动；当线圈断电时，闸瓦在弹簧力作用下，将电动机闸轮刹住，使电动机迅速停转。

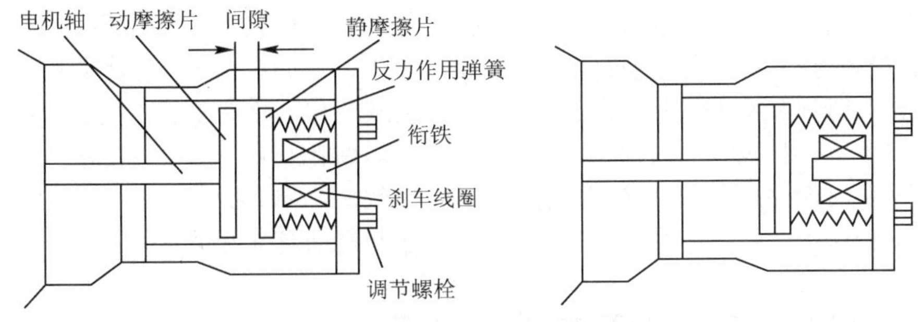

图 2-43　圆盘式电磁制动器

3. 电磁制动器参数整定

调整制动器外壳上的螺栓，可改变反作用弹簧制动力矩，但必须注意所有螺栓要均匀调节，否则会造成摩擦片倾斜、气隙不均匀，出现噪声和振动。

圆盘式电磁制动器工作时静、动摩擦片之间的间隙通常在 2 ~ 6 mm。间隙过小，容易造成松闸时产生较大机械碰撞；间隙过大，则在制动时产生较大机械碰撞。

第六节　异步电动机常用控制电路

一、电动机的基本保护环节

在电力拖动系统设计时，不仅应保证设备在正常工作条件下安全运行，而且还应考虑到在异步情况下保证设备和人身的安全。为此，必须在系统中设置必要的保护环节。最常见的电气保护环节有短路保护、过载保护、欠压保护（失压保护）及缺相保护。

1. 短路保护

在电路发生短路事故时，可能造成设备损坏，甚至发生火灾，所以电路发生短路时，要立即切断电源。常用的短路保护装置是熔断器。

2. 过载保护

电动机长期超载运行，可能造成电动机绕组过热，寿命降低，甚至烧毁电机，所以要进行过载保护。用热继电器可实现过载保护。

3. 欠压保护（失压保护）

电动机运行时，由于偶然原因，突然断电，使电机停转；当重新供电时，电动机可能自动起动，造成人身伤亡或设备事故。防止电压恢复时电动机自起动的保护称为零压保护或失压保护。

电源电压过低，将使电动机转速下降，甚至停转，这时电动机绕组电流很大，易被破坏，因此需要在电源电压降到一定允许值以下时将电源切断。这就是欠压保护。

4. 缺相保护

三相异步电动机必须在三相电源同时平衡供电时才能正常工作。如果有一相电源中断供电，三相电器就在缺少一相电源的情况下工作，这是非常危险的。三相电器在两相电源下工作，很快就会烧毁电器。为了避免烧毁电器的事故发生，人们在电路上安装了相应的设备，这些设备可以自动监视和检测三相电源是否平衡，当发现三相电路严重不平衡，也就是中断了一相电源或者缺少了一相电源的时候，立即发出警报或者跳闸切断电源。电路中安装了这些在三相电源不平衡时能够报警或者跳闸的保护电器，这就是缺相保护。

常用的缺相保护电器有热继电器、过电流继电器和自动空气开关。

二、电动机控制电路的基本控制环节

1. 直接起动控制电路

直接起动即起动时把电动机直接接入电网，加上额定电压，一般来说，电动机的容量不大于直接供电变压器容量的20% ~30%时，都可以直接起动。

(1)点动控制

有些电气设备，在运行过程中，必须要有人监视，如机舱的盘车机、行车和甲板上的舷梯起落机等都需要点动控制。图2-44为简单的点动控制线路。合三相电源开关QS，按下起动按钮SB，接触器KM线圈有电，主触头闭合，电动机定子接入三相电源起动运转，电动机M起动运转；手松开，接触器失电，衔铁松开，常开主触点断开，电动机停止运转。

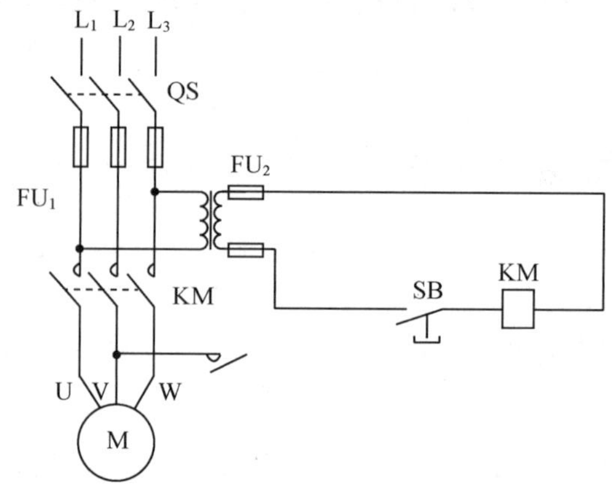

图2-44　三相异步电动机的点动控制

(2)直接起动控制

①起动过程

按下起动按钮SB_1，接触器KM线圈通电，与SB_1并联的KM的辅助常开触点闭合，以保证松开按钮SB_1后KM线圈持续通电，串联在电动机回路中的KM的主触点持续闭合，电动机连续运转，从而实现连续运转控制。

②停止过程

按下停止按钮SB_2，接触器KM线圈断电，与SB_1并联的KM的辅助常开触点断开，以保证松开按钮SB_2后KM线圈持续失电，串联在电动机回路中的KM的主触点持续断开，电动机停转。与SB_1并联的辅助常开触点KM的这种作用称为自锁。

(3)行程控制

①限位控制

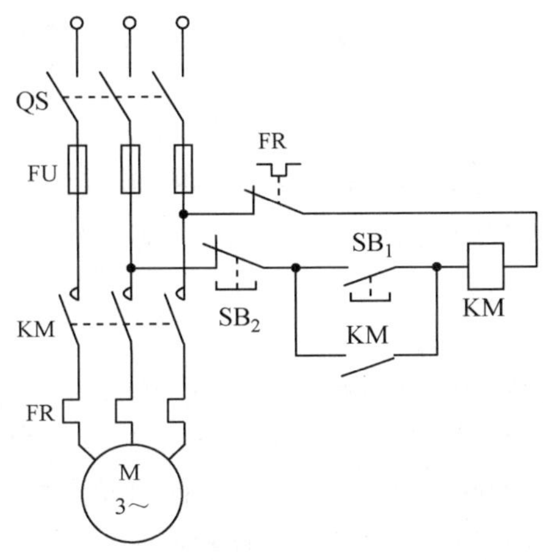

图 2-45　三相异步电动机的直接起动控制

当生产机械的运动部件到达预定的位置时压下行程开关的触杆，将常闭触点断开，接触器线圈断电，使电动机断电而停止运行，如图 2-46 所示。

②行程往返控制

如图 2-47 所示按下正向起动按钮 SB_1，电动机正向起动运行，带动工作台向前运动。当运行到 SQ_2 位置时，挡块压下 SQ_2，接触器 KM_1 断电释放，KM_2 通电吸合，电动机反向起动运行，使工作台后退。工作台退到 SQ_1 位置时，挡块压下 SQ_1，KM_2 断电释放，KM_1 通电吸合，电动机又正向起动运行，工作台又向前进，如此一直循环下去，直到需要停止时按下 SB_3，KM_1 和 KM_2 线圈同时断电释放，电动机脱离电源停止转动。

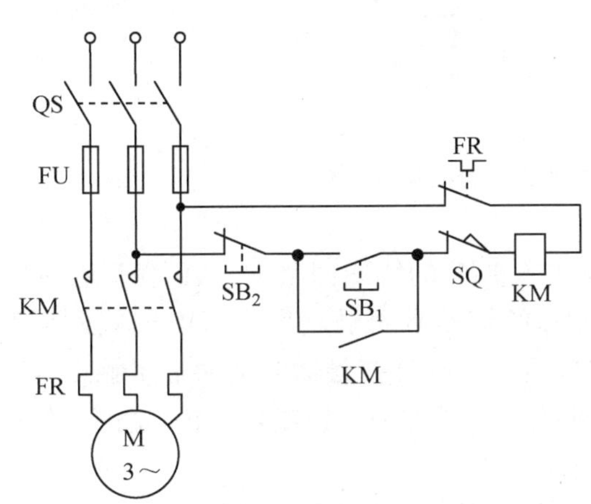

图 2-46　三相异步电动机的限位控制

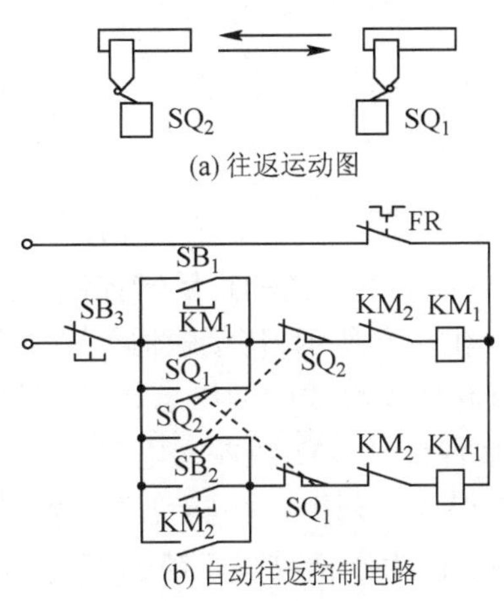

图 2-47　三相异步电动机的行程往返控制

三、异步电机的典型控制电路

1. 正反转控制电路

(1) 简单的正反转控制

①正向起动过程

如图 2-48 所示，按下起动按钮 SB_1，接触器 KM_1 线圈通电，与 SB_1 并联的 KM_1 的辅助常开触点闭合，以保证 KM_1 线圈持续通电，串联在电动机回路中的 KM_1 的主触点持续闭合，电动机连续正向运转。

②停止过程

按下停止按钮 SB_3，接触器 KM_1 线圈断电，与 SB_1 并联的 KM_1 的辅助触点断开，以保证 KM_1 线圈持续失电，串联在电动机回路中的 KM_1 的主触点持续断开，切断电动机定子电源，电动机停转。

③反向起动过程

按下起动按钮 SB_2，接触器 KM_2 线圈通电，与 SB_2 并联的 KM_2 的辅助常开触点闭合，以保证线圈持续通电，串联在电动机回路中的 KM_2 的主触点持续闭合，电动机连续反向运转。

缺点：KM_1 和 KM_2 线圈不能同时通电，因此不能同时按下 SB1 和 SB2，也不能在电动机正转时按下反转起动按钮，或在电动机反转时按下正转起动按钮。如果操作错误，将引起主回路电源短路。

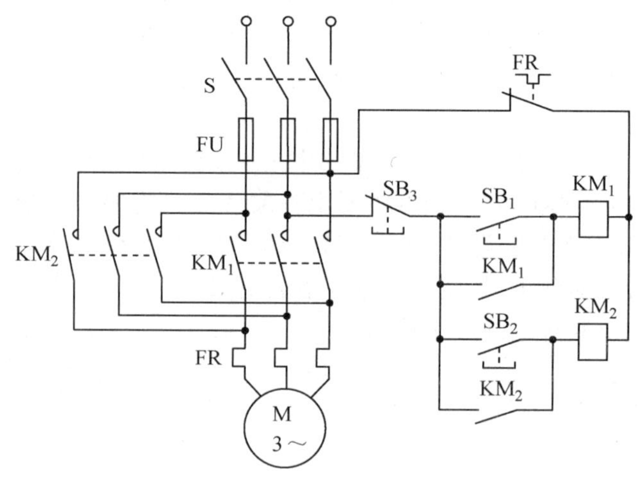

图 2-48　三相异步电动机的正反转控制

(2)带电气互锁的正反转控制电路

如图 2-49 所示，将接触器 KM_F的辅助常闭触点串入 KM_R的线圈回路中，从而保证在 KM_F线圈通电时 KM_R线圈回路总是断开的；将接触器 KM_R的辅助常闭触点串入 KM_F的线圈回路中，从而保证在 KM_R线圈通电时 KM_F线圈回路总是断开的。这样接触器的辅助常闭触点 KM_F和 KM_R保证了两个接触器线圈不能同时通电。这种控制方式称为互锁或者联锁，这两个辅助常开触点称为互锁或者联锁触点。

缺点：电路在具体操作时，若电动机处于正转状态要反转时必须先按停止按钮 SB_3，使互锁触点 KM_F闭合后按下反转起动按钮 SB_2才能使电动机反转；若电动机处于反转状态要正转时必须先按停止按钮 SB_3，使互锁触点 KM_R闭合后按下正转起动按钮 SB_1才能使电动机正转。

(3)同时具有电气互锁和机械互锁的正反转控制电路

如图 2-50 所示，采用复式按钮，将 SB_1按钮的常闭触点串接在 KM_2的线圈电路中；将 SB_2的常闭触点串接在 KM_1的线圈电路中；这样，无论何时，只要按下反转起动按钮，在 KM_2线圈通电之前就首先使 KM_1断电，从而保证 KM_1和 KM_2不同时通电；从反转到正转的情况也是一样。这种由机械按钮实现的互锁也叫机械或按钮互锁。

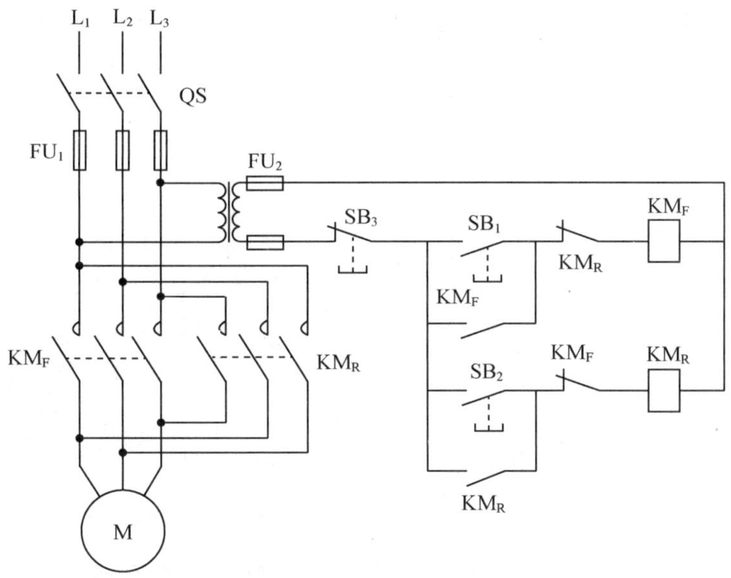

图 2-49　具有电气互锁的正反转控制

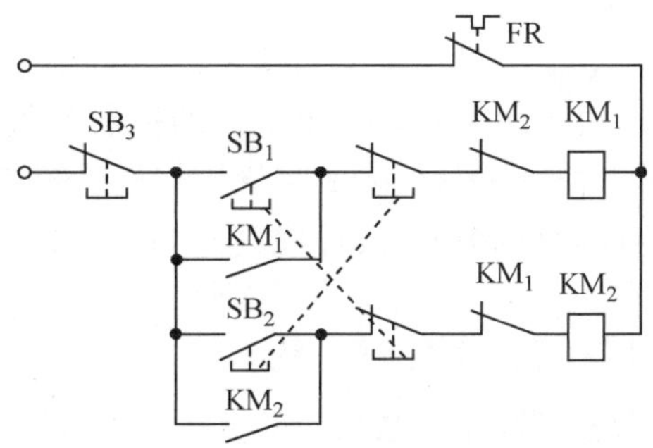

图 2-50　具有电气和机械互锁的正反转控制

2. 海(淡)水柜水位自动控制电路

图 2-51 所示是某压力水柜给水原理及水泵控制电路图,图中水柜为压力水柜,随着用水量的变化,水、气空间容积在变化,即液位高度和气压都在变化。水位上升,气空间的高度减小,气压增加,如果不考虑漏气损耗,气压大小显然是与水位高低成正比例的,高限水位 H_H 对应着高限压力,低限水位 H_L 对应着低限压力。

其工作原理是:若水位处于图 2-51(a)所示的正常水位时,即水位高于 H_L,低于 H_H,当转换开关打到“自动”位置,如图 2-51(b)所示,此时由于 KP_H闭合,KP_L断开,接触器 KM 线圈未得电,水泵电机不运行。随着用水量增加,水位高度和气压逐渐下降。当气压(水位)降到低限 H_L以下时,压力继电器低压触点 KP_L由正常水位时的“开启”状态转换为“闭合”状态,水泵电机接触器 KM 线圈得电动作,其常开主触点闭合,水泵起动,向水柜补充水,其常开辅触点闭合,自锁。当气压(水位)升高,并高于低限 H_L时,虽然压力继电器 KP_L触点打开,但由于接触器 KM 辅助触点的自锁作用,KM 仍通电,所以水泵继续打水,直到气压(水位)升高到高限时,压力继电器高压触点 KP_H断开,使接触器 KM 线圈断电,水泵停止补水。当水位再次降到高限以下时,KP_H恢复闭合,但由于 KP_L为“开启”状态,因此接触器 KM 线圈仍不能得电,直到水位再继续下降到低限时，KP_L闭合，水泵方能重新起动补水。这一过程就是压力（水位）检测的双位闭环控制。

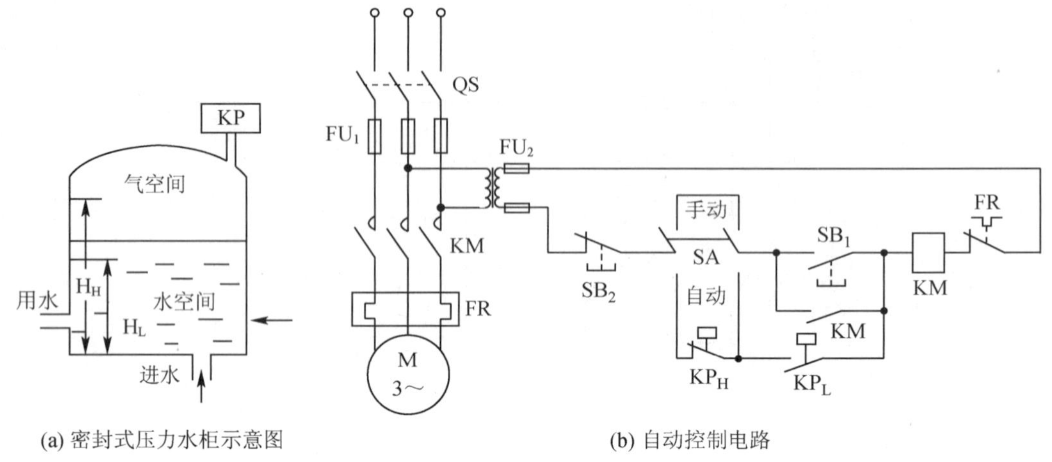

(a) 密封式压力水柜示意图　　(b) 自动控制电路

图 2-51　海淡水柜压力（水位）检测双位闭环控制电路

3. 空压机自动控制电路

现代化船舶主柴油机和发电柴油机功率越来越大，起动能源主要依靠高压空气。同时，高压空气在船舶其他系统中被广泛应用，例如，用于主机的控制空气、用于其他自动控制系统中的气动元件的压缩空气、船用汽笛等，因此，船舶空气压缩机系统是船舶系统的重要组成部分。在船上船舶空压机一般都设有两套机组，并设计成为互为备用的系统，可同时使用，也可单独使用。

图 2-52 为某轮船舶主空压机系统电气原理图。

4. 异步电机 Y－△换接起动控制电路

正常运行时三相定子绕组接成三角形的三相异步电动机，可以在起动时接成星形以减小起动电流。三相异步电动机接成星形起动时，电动机起动完成后，再改接到三角形联结。三相异步电动机在起动时接成星形，起动电流只有三角形联结的 1/3，但是起动转矩也相应降低，起动时接成星形，起动转矩也只有三角形联结的 1/3。

Y－△换接起动的控制电路的形式比较多，图 2-53 是其中的一种。控制电路的工作过程如下：起动时，合三相电源开关 QS，按下起动按钮 SB_1，接触器 1KM 线圈得电动作，1KM 的常开辅助触头闭合自保，同时接触器 1KM 主触头闭合；此时，由于接触器 2KM 线圈回路中时间继电器 KT 的常开延时闭合触点 KT_1 未闭合的缘故，接触器 2KM 线圈不能得电，接触器 2KM 的常闭触点保持闭合，使时间继电器 KT 线圈获电开始延时，但时间继电器 KT 的常闭延时开触点 KT_2仍然闭合未打开；则接触器 3KM 线圈得电动作，接触器 3KM 主触头闭合；由于接触器 1KM 主触头与接触器 3KM 主触头同时闭合，三相异步电动机接成 Y 形开始起动。当时间继电器 KT 延时一到，时间继电器 KT 的常闭延时开触点 KT_2 打开，接触器 3KM 线圈失电，接触器 3KM 复原，接触器 3KM 主触头断开，接触器 3KM 常闭辅触头恢复闭合；同时时间继电器 KT 的常开延时闭触点 KT_1闭合，使接触器 2KM 线圈得电动作，接触器 2KM 主触头闭合，三相异步电动机换接成△开始正常工作；接触器 2KM 常开辅触头闭合自保；接触器 2KM 常闭辅触头断开切除时间继电器 KT，并与接触器 3KM 实现互锁控制。起动过程全部结束。

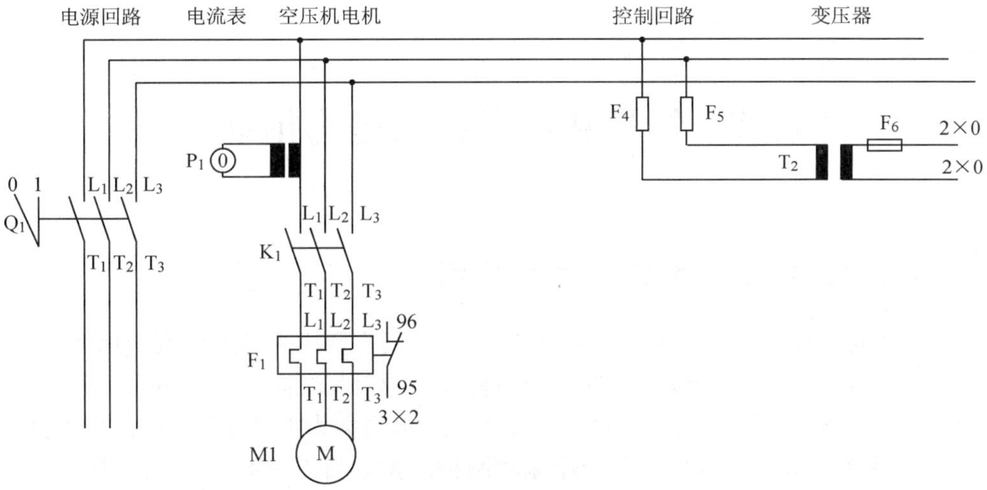

(a) 空压机系统主电路原理图

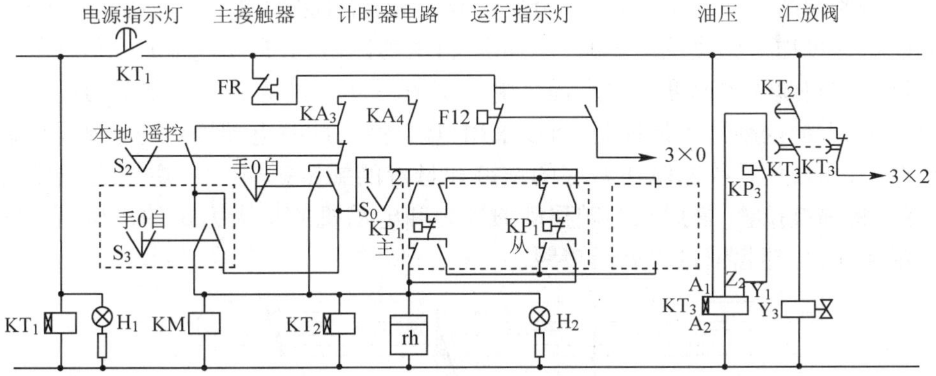

(b) 空压机系统控制电路

图 2-52　船舶空压机系统电气控制电路原理图

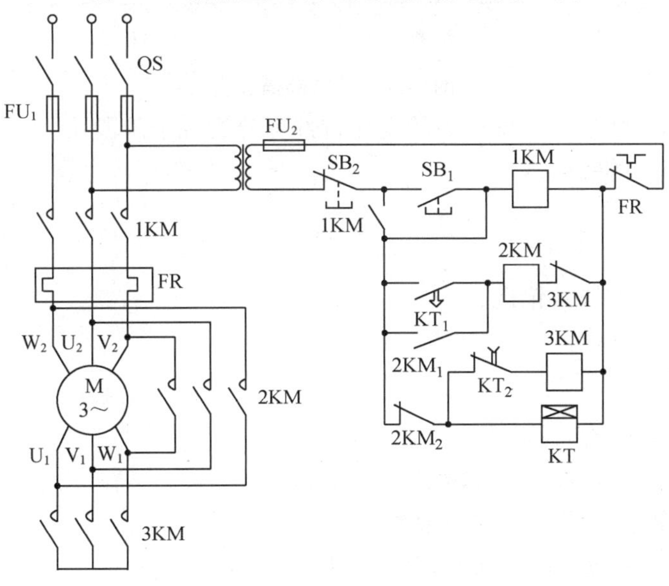

图 2-53　Y—△换接起动的控制电路

第七节　锚机和绞缆机的电力拖动控制

一、锚机、绞缆机的类型及运行特点

锚机、绞缆机是船舶必须配备的重要甲板机械，它们主要用来使船舶安全地停泊于锚地或系泊于码头及浮筒上。锚机与绞缆机的类型多种多样，如卧式锚机、立式锚机、立式绞缆机和卧式绞缆机等。船舶的锚机、绞缆机是靠电力拖动控制的称为电动锚机和电动绞缆机。电动锚机和电动绞缆机又分为直流拖动和交流拖动两种类型。目前，船上大多数采用交流三速锚机和绞缆机，或者采用 G-M 系统锚机和绞缆机，但两者拖动控制系统大体上是相同的。现代大型船舶及工程船舶由于其功率较大，采用液压传动系统，即采用电动液压锚机和绞缆机。

一般的航行锚机均采用锚及锚链的重力进行自由落体抛锚，自动抛锚时，利用锚机上的手动带式制动器来控制抛锚的速度。深水锚机由于钢缆不宜频繁承受手动制动力的冲击，而且深度大时速度快，手动控制器不易控制，所以采用电动抛锚，此时电动机是处于制动状态运行。

航行锚机起锚时，先是收起躺在海底的锚链和悬着的锚链，靠拉力（主要克服惯性力）使船舶移动，逐渐将锚链拉直，最后在船舶移动惯性力和电动机的最大力矩的作用下，使锚破土后把锚收进锚链孔，全部起锚过程见图 2-54。

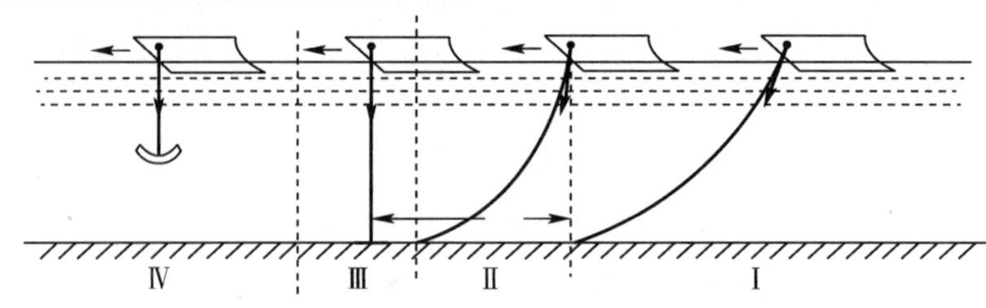

图 2-54　正常起锚过程

船舶抛锚起锚时，整个过程按拉力的变化特性可分为五个阶段：

Ⅰ：收起躺在海底的锚链；

Ⅱ：收紧锚链；

Ⅲ：拔锚出土；

Ⅳ：收起悬于水中的锚及锚链；

Ⅴ：将锚拉入锚链孔中。

1. 正常起锚工况

正常起锚工况有 5 个阶段：

（1）收躺锚链：电动机轴上负载转矩不变，且较小。

（2）拉紧锚链：轴上负载转矩逐渐增大。

（3）拔锚出土：负载转矩达到最大，“出土”后突然减小。

（4）提锚出水：负载转矩逐渐减小。

(5)拉锚入孔:负载转矩再次有所增大,但不多。

注意:拔锚不出土时电动机将堵转,此时要求电动机能够承受堵转转矩。为了减小对电动机的冲击,通常可以通过主机推进器推动船舶前进,依靠船舶前进的动力拔锚出土。

2. 应急起锚工况

定义之一:深水抛锚时,由于水深锚抛不到底,需将锚拉起,找合适地方再抛。因为此时锚链最长(约 200 m),起锚负载转矩大。一般定义:在电动机热继电器动作后,由于情况紧急通过应急起锚按钮短接热继电器进行的起锚。

3. 船舶抛锚工况

(1)水深不大时,直接松开制动器,锚自由下落,靠锚和锚链自重进行抛锚。

(2)海水较深时,锚自由下落的速度较大,为了较好地控制下落速度,也为了防止起锚困难和损坏设备,应该采取电气制动的方法,使锚下落的速度恒定。

二、锚机、绞缆机对电力拖动控制的要求

锚机、绞缆机对电力拖动控制的基本技术要求可归结为以下几点:

(1)在锚机和绞缆机的控制系统中应设置自动逐级延时起动电路和应急保护电路。

(2)电动机应具有足够大的过载能力,应能满足任何一种起锚状态所需要的最大转矩,并且能在最大负载力矩下起动(在 30 min 内允许起动 25 次)。

(3)电动机在堵转情况下能承受堵转电流时间为 1 min(堵转力矩为额定力矩的两倍)。在堵转时,对直流电动机而言,应能使电动机自动转到人为机械特性上运行;对交流电动机而言,应能自动转换到低速运行。

(4)为满足必需的起锚速度和拉锚入孔时的低速,要求电动机有一定的调速范围,一般要求在 5:1 ~3:1。

(5)在电动抛锚时,由于是位能性负载,所以要求控制系统必须具有稳定的制动抛锚功能,匀速抛锚。

(6)电动机起动次数不宜过于频繁,应能连续工作 30 min,且要满足 30 min 内起动 25 次的要求。

(7)采用电气和机械联合制动,以便满足快速停车及系缆时具有轻载高速性能。

(8)电力拖动装置应能满足在给定航区内,单锚破土后,能收起双锚。

(9)对电动液压锚机来讲,它应具有独立的驱动电动机,其液压管路应不受其他甲板机械的管路影响。链轮与驱动轴之间应装有离合器,离合器应有可靠的锁紧装置;链轮或卷筒应装有可靠的制动器,制动器刹紧后应能承受锚链断裂负荷 45% 的静拉力;锚链轮上必须装有制链器。

三、交流三速电动锚机电气控制系统

交流三速电动锚机控制系统中的主令控制器上正反转操作均有三挡位置,见图 2-55,分别来控制三挡速度。拖动电动机采用交流三速鼠笼式电动机,其定子上有两套绕组:一套为 4 极,称为高速绕组;另一套是变极绕组,16 极低速是三角形(△)联结,8 极中速是双星形(YY)联结,从△改接成 YY 属于恒功率调速。系统设计低速与中速可直接起动,高速则要通

过中速延时起动。正反转是对称控制线路,系统采用了可逆的对称控制,用主令控制器来控制锚机电动机的起动、调速、停止及反转。

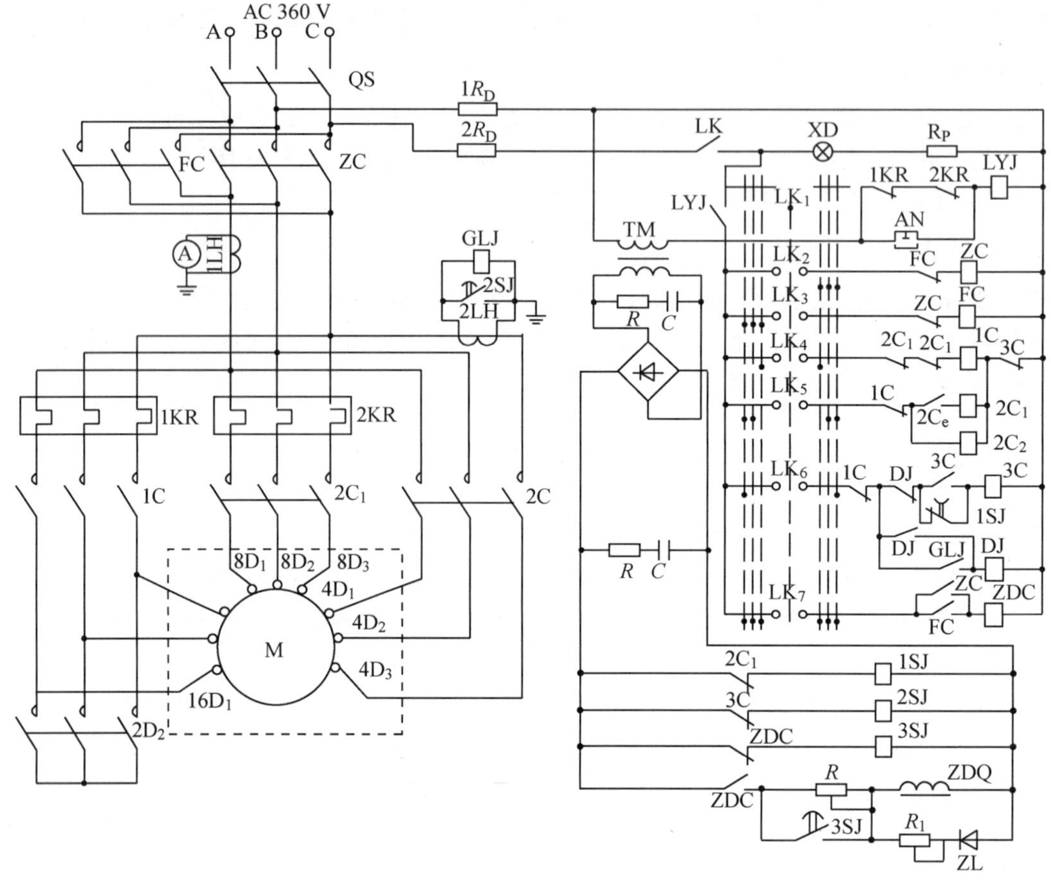

图 2-55 交流三速电动锚机电气控制线路图

当锚机电动机在高速挡运行时,一旦由于某种原因过载,系统能自动瞬时转换到中速挡运行。在负载减小后,为了回到高速挡运行,则主令控制器手柄必须从第三挡扳回到第二挡的位置,然后再扳到第三挡位置,锚机电动机才能重新进入高速运行状态。系统中设置有失压保护,在低速与中速挡位置设置了热保护,在高速绕组回路设置了过载保护(过电流继电器 GLJ 的动作电流设置为高速挡额定电流的 110%)。方向主接触器 ZC 与 FC 之间以及 1C 与 2C 之间设置有机械联锁装置,目的是防止电源短路。控制电路采用熔断器作短路保护。

本章思考题

1. 直流电机有哪几种励磁方式?直流电机转子的主要部件及其作用是什么?

2. 变压器有哪些损耗?这些损耗有什么不同?

3. 异步电机的定子和转子由那些主要部件组成?各起什么作用?

4. 采用磁力起动器进行控制的三相电动机,其单相运行保护是采用什么电器实现的?为什么?

第三章　渔船发电机和配电系统

第一节　渔船电力系统的基本概念

1. 渔船电力系统的组成

渔船电力系统是由电源装置、配电装置、电力网和负载组成并按照一定方式连接的整体，是船上电能产生、传输、分配和消耗等全部装置和网络的总称，其结构简图如图 3-1 所示。

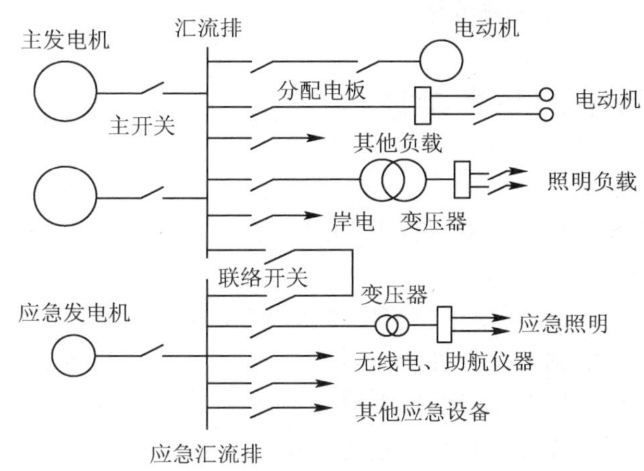

图 3-1　船舶电力系统图

(1) 电源装置

电源装置是将机械能、化学能等能源转变为电能的装置。船舶电源主要是指发电机和蓄电池。

(2) 配电装置

配电装置是对电源和用电设备进行保护、监测、分配、转换、控制的装置。

(3) 船舶电力网

船舶电力网是全船电缆电线的总称，也是电能的生产者(各种电源)和电能的消耗者(各类用电设备)的中间传递环节。船舶电力网根据其所连接的负载性质和类别可以分为动力电网、照明电网、应急电网、低压电网和弱电电网等。

(4)负载

负载即用电设备。船舶负载有甲板机械、船舶舵机、动力装置用辅机(为主机和主锅炉等服务的辅机,如主机滑油泵、海水冷却泵、淡水冷却泵和鼓风机等)、舱室辅机(生活水泵、消防泵、舱底泵以及为辅锅炉服务的辅机等)、电力推进设备(主电力推进装置、艏艉侧推装置等)、机修机械(车床、钻床、电焊机等)、冷藏通风设备(冷藏集装箱、空调装置、伙食冷库和通风机等)、照明设备、船舶通信导航设备(无线电通信设备、导航和船内通信设备)等。

2. 船舶电力系统的特点

根据船舶负载的特点,船舶电力系统的电站容量、连接方式、电压等级、配电装置等与陆上电力系统有着很大的差别。从驱动发电机的原动机形式分类,船舶发电机组有柴油发电机组、蒸汽发电机组、汽轮发电机组、轴带发电机组等。

船舶电站单机容量一般不超过 1 000 kW,装机总功率不超过 5 000 kW(电力推进船和特种船除外),相比陆上要小得多。船舶电力系统大多采用多台同容量同类型的发电机组联合供配电的方式,以方便管理维护。正常航行时仅有 1 台或 2 台发电机向电网供电,但是要求船舶发电机组有较高品质的调速和调压装置来满足负载变化,在突发局部故障时也能保障船舶安全运行。船舶电网的输电距离短,线路阻抗低,各处短路电流大。短路电流所产生的电磁机械应力和热效应易使开关、汇流排等设备遭受损伤和破坏。因此,船舶输电电缆采用沿舱壁或舱顶走线,电缆的分支和转接均在配电板(箱)或专设的分线盒内完成,不允许外部有连接点。

二、船舶电力系统的基本参数

1. 船舶电力系统的基本参数

船舶电力系统的基本参数是指电流种类(电制)、额定电压和额定频率的等级。

(1)电流种类(电制)

早期船舶采用直流电制,主要基于直流发电机调压容易、直流配电装置简单、直流电动机调速平滑等优点。但直流电制在可靠性、经济性、可维修性方面的缺陷甚多,而电力电子技术的发展突破了交流电力系统的调压、调频、并联运行等一系列难点,使交流电制占据了主要地位。除了采用直流电力系统或交直流混合电力系统的特殊工程船舶外,目前几乎所有大中型船舶均已采用交流电力系统。

(2)额定电压

船舶电力系统额定电压等级的选用直接关系电力系统中所有电气设备的重量和尺寸,提高电压有利于减小导线中的电流、提高设备功率、减小舱容,有利于提高经济性,随之对电气设备的绝缘和安全方面的要求也更高。世界各国对电压等级的选用与本国陆上电制参数一致,使船舶电气设备具有通用性。例如美国和日本采用 450 V、60 Hz 的电制,而我国和俄罗斯等均采用 400 V、50 Hz 的电制。随着船舶发展大型化,目前采用电力推进的商船、滚装船和一些工程船舶电站的容量都比较大(高达几万千瓦),出现了 6 kV、3.3 kV 以上中压等级的船舶电站。

我国用电设备的额定电压有 24 V、110 V、220 V、380 V、1 kV、3 kV、6 kV、10 kV 等。根据电源电压的额定值比同级电力系统用电设备的额定电压高 5% 左右的原则,发电机的额定电压为 115 V、230 V、400 V、1.05 kV、3.15 kV、6.3 kV、10.5 kV 等。我国《钢质海船入级规范》

规定：非电力推进船舶的限制电压为 500 V，动力负载、具有固定敷设电缆的电热装置等的额定电压为 380 V，照明、生活居室的电热器限制电压为 250 V，额定电压为 220 V。

(3)额定频率

交流船舶电力系统的额定频率一般沿用各国陆地上的频率标准，我国采用 50 Hz，欧洲、美国采用 60 Hz。这里不包括弱电设备所需的特殊频率以及海上平台等特殊设备的电源频率。

三、渔船电网分类、配电方式、电力系统的线制

1. 船舶电网的分类

(1)主电网：主电源经主配电板供电的电网；

(2)应急电网：应急电源经应急配电板供电的电网；

(3)小急电网：蓄电池供电的电网；

(4)弱电电网：通信、导航和报警等的电网。

船舶电网的结线方式通常有枝状结线和环形结线两种方式。枝状结线的配电网络像树枝，线路短，开关少，可靠性差，如图 3-2 所示，多用于民用船。

如图 3-3 所示，环形结线配电网络的主馈电线为环形闭合回路，可靠性较高，损耗小，但造价高，维修保养复杂，多用于客船和军舰。

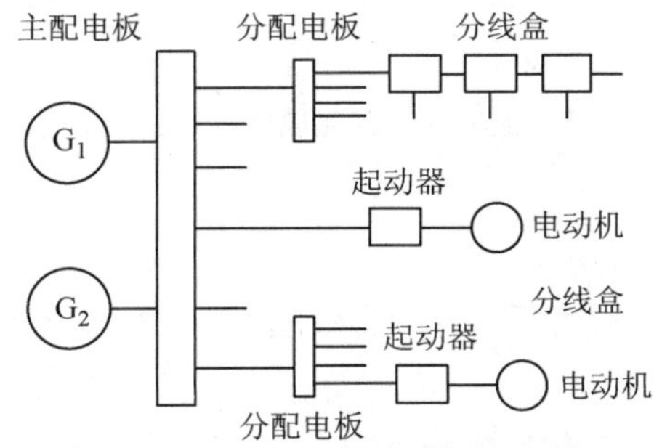

图 3-2　船舶电网的枝状结线

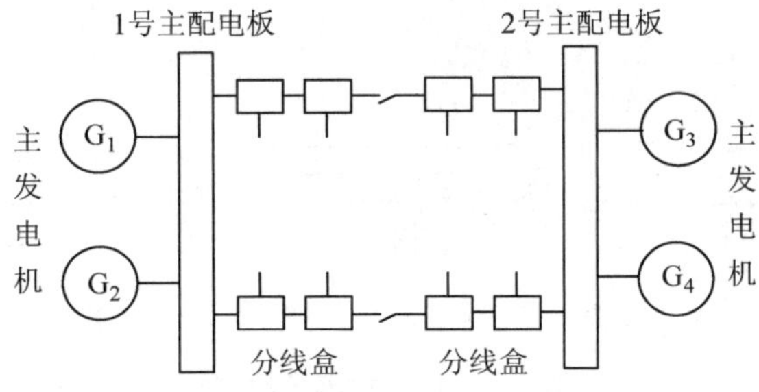

图 3-3　船舶电网的环形结线

2. 配电方式

重要负载是指直接与船舶航行、货物保存、船舶和人身安全有关的电气设备。重要负载的

配电方式如图3-4所示。

(1)重要负载直接由主配电板供电;

(2)由两路供电,特别重要负载采取两条互相独立的馈电线供电(其中一路经应急配电板);

(3)采用自动卸载装置(过载时卸掉次要、保证重要负载);

(4)采用分段汇流排提高供电可靠性。

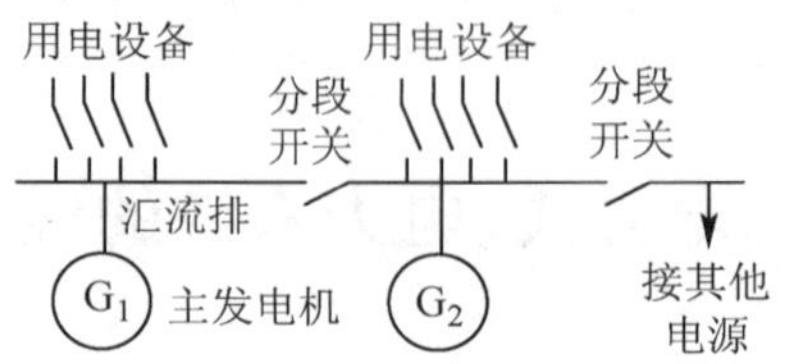

图3-4 重要负载配电方式

如图3-5所示,主电网与应急电网的连接方式:通过联络开关(自动开关)相连,正常时为主配电板的一部分;应急时联络开关断开,成为应急电网。

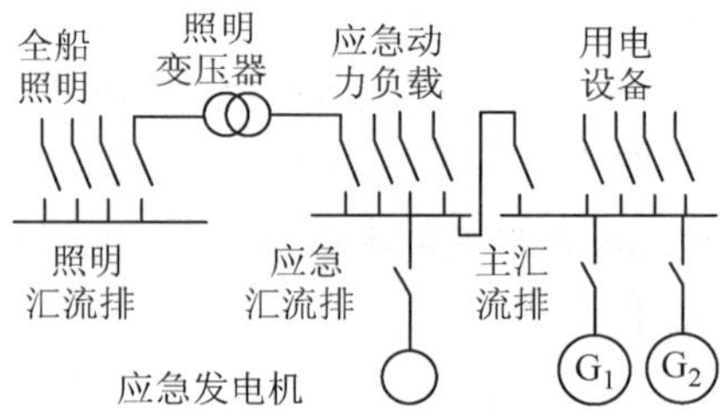

图3-5 主电网与应急电网的连接方式

3. 船舶电网的线制

(1)三相绝缘系统[图3-6(a)]

船上主要采用该线制。优点:线地无电压(较安全);缺点:无相电压(需专门的照明变压器)。

(2)中性点接地的三相四线系统[图3-6(b)]

陆上主要采用该线制。优点:有线、相电压分别供动力、照明;缺点:不安全(线地有电压)。

(3)中性点接地的三线系统[图3-6(c)]

用船体作零线,节省电缆,很不安全,极少用。

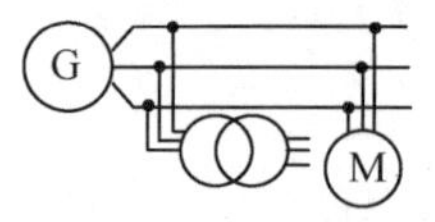

(a) 三相绝缘系统

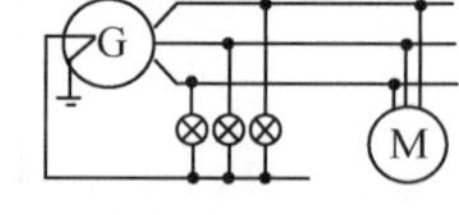

(b) 中性点接地的三相四线系统

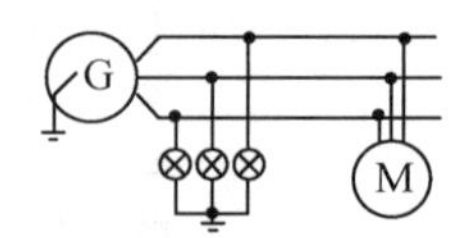

(c) 中性点接地的三线系统

图3-6 船舶电网的线制

4. 船舶电网的保护

船舶电网的保护种类有短路保护、过载保护、单相接地或绝缘下降保护、接岸电时逆序及断相保护(无失压)。

(1)短路保护

①动作值的整流原则(两原则不可同时用)

a. 时间原则:靠电源侧动作整定时间长,靠负载侧整定时间短,且逐级缩短;

b. 电流原则:靠电源侧动作整定电流大,靠负载侧整定电流小,且逐级缩小;

c. 动力不超过 4 级,照明不超过 5 级。

②保护装置

保护装置主要采用万能式 DW(总开关)、装置式 DZ(分路开关)和熔断器;自动开关靠电磁式瞬时或短延脱扣器。万能式具有非常可靠的按时间原则的保护选择性功能,装置式具有按电流原则选择保护的功能。

(2)过载保护

①主配电板:共用主发电机过载保护装置;

②分配电板:电缆按总电流选,同时多路过载可能性极小,不设过载保护;

③分配电箱:电缆由负载过载保护完成;

④舵机本身和线路均不设置过载保护装置。

船舶电网中不必单独设置过载保护,然而,由于考虑到船上电动机的过载保护一般都用热继电器,它们的动作特性因受到环境温度影响而不太可靠;当绝缘破坏时,实际电流可能超过用电设备的总电流而出现过载,因此,现代船舶电网中这些馈电开关均选用装置式自动开关。虽然其过载脱扣器不会对电网的过载保护有多大意义,但是有助于提高电网的可靠性。

(3)单相接地及绝缘监测

对于中性点绝缘的三相三线制船舶电网,用绝缘指示灯(地气灯)监视单相接地,用专用配电盘式兆欧表监测电网的绝缘值。

①单相接地

三相绝缘系统如果发生单相接地故障,虽然不影响三相电压的对称,也不影响用电设备的正常工作,但存在两种危险性隐患。

a. 一相接地,另一相与地电压为线电压(自动开关跳闸),当人体触电时,人体通过接地相和线电压构成导电回路。

b. 另一相再接地形成线间短路,因此,对单相接地必须监视,及时发现并予以消除。船舶上一般采用绝缘指示灯法来检测单相接地故障。

绝缘指示灯法检测单相接地的原理图如图 3-7 所示。正常 L_1、L_2、L_3 灯一样亮;当 C 相接地、无或很小接地电阻,L_3 灯灭,L_1、L_2 灯亮度增加;当 C 相接地有接地电阻,L_3 灯变暗,L_1、L_2 灯亮度增加。直流绝缘指示灯一灯灭、一灯亮度增加,说明正负电缆有一个接地。

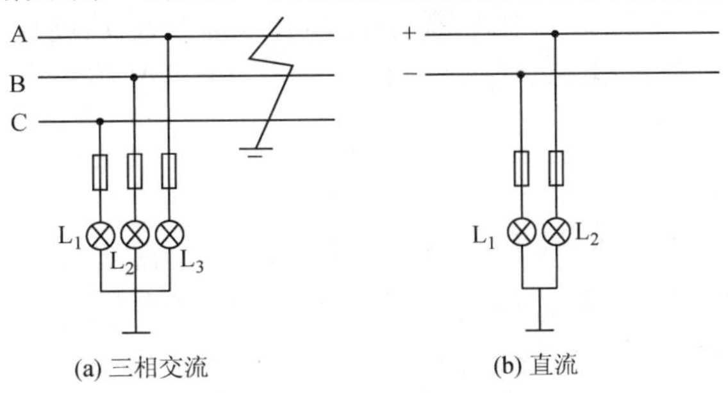

图 3-7　接地绝缘指示灯

②绝缘监测:在三相电源与船壳之间接入三相兆欧表(非摇表)

a. 结构、原理

属于带电测量的仪表,表头结构与直流电流表头结构一样。

b. 要求:船舶电网绝缘电阻大于 2 MΩ。

c. 配电板上同时装有绝缘指示灯监视电网的接地、装有兆欧表检测电网的绝缘。

讨论一:对船舶电网一般有哪些保护?

答:对船舶电网一般应设有短路保护和过载保护,并应设有电网绝缘监测。其中,电网的过载保护一般不专门设置,因为可利用与其相连的电气设备的过载保护来实现。此外,船舶电网接用岸电时,应设相序和断相保护。

讨论二:船舶电网短路保护的原则有哪些? 各由哪些电器元件来实现?

答:船舶电网短路保护的原则最主要的是:应该具有较好的选择性,以保证既准确切除短路故障点,又不会造成不必要的大范围停电。此外,短路保护还可考虑避开设备同时工作的大电流冲击而造成的干扰。

船舶电网短路保护动作值的整定原则主要有:①按时间原则的整定,主要由万能式自动空气断路器和熔断器来实现,保护装置整定的动作时间朝发电机方向逐级增大;②按电流原则的整定,主要由装置式自动空气断路器来实现,整定的动作电流值朝发电机方向逐级增大。

讨论三:如何检测电网的接地与绝缘?

答:电网是否接地可用地气灯来检测;电网对地的绝缘电阻值,可用主配电板上用于带电测量的兆欧表进行测量。

第二节　渔船主配电板的组成、功能及重要负载的供电方式

一、船舶电站容量及发电机台数确定的原则

船舶电站容量和发电机组数量是根据满足船舶用电的需求,并保证船舶的安全性和经济性来确定的。船舶电站容量既不等于全船所有用电设备的标称电功率的总和,也不等于船舶某一运行工况下全部用电设备标称电功率的总和。因为船舶在不同的运行工况下投入运行的用电设备不同,用电量也不同;即便在同一运行工况下各用电设备的运行时间长短不同,负荷变化的情况也不同;每一用电设备实际所需的电功率大多小于其标称电功率。电站发电机组数量的选择和单机容量的确定既与电站容量有关,也与各工况的用电量大小和相对运行周期的长短有关。

1. 船舶的运行工况

船舶营运中有航行工况(货船的全速满载航行时间约占船舶运行周期的 41%,油船占 64%)、进出港工况(船舶进出港低速航行、靠离码头等机动时间约占运行周期的 1%)、装卸货工况(货船装卸所载货物期间约占运行周期的 18%,油船占 7%)、停泊工况(货船的无装卸作业停泊时间约占运行周期的 40%,油船占 28%)、应急工况(发生进水、火灾等海损引起主发

电机失效而启用应急发电机的工况）。

2. 确定电站容量的基本原则

电站容量应能满足船舶在各种运行工况下的用电量，并有适当的余量，确保供电连续可靠。但从经济性考虑，冗余功率又不能太大。

3. 发电机组容量和数量的选择原则

发电机组的总容量取决于电站的总容量。确定发电机组的单机容量和机组数量的基本原则是：单机组容量以最高负荷率为 80% 来确定为宜；船舶电站必须有备用机组，其容量要能满足船舶各运行工况的用电需求；确定单机组容量和机组数量时，要考虑各机组的使用寿命应与主机寿命相当，维修管理方便。

若以高效率经济运行为原则，针对电站容量和各工况的用电量及其相对运行周期等具体情况，可选择小功率多机组，或大功率少机组，或不同功率的机组。一般船舶电站设置 2 至 3 台（包括备用机组）同型号、同容量的机组，最多为 4 台。有些船舶在无作业停泊期间用电量少，常设 1 台小容量的系泊发电机。船舶电站的实际容量综合考虑了船舶电动机的利用系数、负荷系数、同时性系数等因素。

应急发电机容量的确定：

（1）目的和原则

一般规范都规定客船和总吨位 500 以上的货船应设有独立的应急电源。它可以是发电机，也可以是蓄电池组。作为应急电源使用的发电机称为应急发电机。

应急发电机应该具有独立的冷却装置和燃油供给单元，并设有满足规则要求的起动装置。当船舶发生火灾或其他灾害引起主电源供电失效时它应能自动起动和自动连接于应急配电板，尽快地承载额定负载，最长时间不得超过 45 s。应急发电机的容量应确保《国际海上人命安全公约》（SOLAS）和主管机关有关规定的供电范围和供电时间，并应考虑到这些用电设备可能同时工作。

（2）容量确定

不同种类、吨位的船舶，其应急发电机供电的电气设备范围也略有不同。确定应急发电机的容量通常基于下述设备所需的电功率，即航行灯、信号灯、应急照明设备、应急报警和信号装置、火灾探测和报警装置及防火门的固定和释放系统；在紧急状态下所需要的船内通信设备、应急消防泵、自动喷水泵、应急舱底泵及其电动遥控设备、应急时使用的舵机、动力操作水密门及其指示器、报警器，以及其他需要应急发电机供电的用电设备，如船员或船员提升至甲板上以便逃脱的电梯应急装置、应急用无线电设备和导航设备等。

一般应急发电机需对舵机之类较大的电动机负载供电，在确定其容量时，应考虑到最大电动机起动时瞬态电压降的影响。

二、配电装置

配电装置是接收和分配电能，并对电网实现保护的设备。有些配电装置（例如主配电板、应急配电板和蓄电池充放电板等）还具有对电源装置、用电设备进行测量、保护和控制的功能。

1. 配电装置分类

船用配电装置种类很多,如面向主发电机的控制和监测的主配电板,面向应急发电机控制和监测的应急配电板,面向蓄电池组控制和监测的蓄电池充放电板。此外还有区域分配电板、岸电箱和交流配电板等。

2. 主配电板的构成及功能

船舶主配电板是船舶电力系统的中枢,担负着对主发电机和用电设备的控制、保护、监测和配电等多种功能。一般由发电机控制屏、并车屏、负载屏和汇流排四部分组成。

(1)发电机控制屏

发电机控制屏包含有发电机主开关及操纵器件、指示灯和仪表、发电机励磁控制和保护环节等。每台发电机组均配有单独的控制屏,用于控制、调节、保护、监测发电机。控制屏面板大体分上、中、下三部分:上部装有电压表、电流表及转换开关、频率表、功率表、功率因数表以及原动机的调速开关和按钮等;中部安装有发电机主开关;下部一般安装有发电机励磁控制装置,控制屏内还装有逆功率继电器和仪用互感器等。

(2)并车屏

并车屏包含有同步表、同步指示灯、投切顺序选择和转换开关、操纵按钮及状态显示指示灯等。有的还设有汇流排分段隔离开关、粗同步并车电抗器、自动并车装置等。并车屏用于交流发电机组的并联运行、解列等操作。

(3)负载屏

负载屏包括动力负载屏和照明负载屏,通常安装有装置式自动空气开关、电压表、电流表及转换开关、绝缘指示灯、兆欧表以及与岸电箱相连的岸电开关。它们是用于分配电能并完成对各馈电线路进行控制、监视和保护等。各用电设备或分电箱的电能通过装置空气开关供给。有些动力负载屏上还装有重要泵的组合起动装置。

(4)汇流排

汇流排配电板上主汇流排及连接部件是铜质的,连接处做了防腐或防氧化处理。汇流排能承受短路时的机械冲击力,其最大允许温升为45 ℃。

交流汇流排按从上到下(垂直排列)、从左到右、从前到后(水平布置)的顺序依次为A相、B相、C相。汇流排的颜色依次为绿色、黄色、褐色或紫色,中线为浅蓝色(若有接地线则接地线为黄绿相间颜色)。直流汇流排按从上到下(垂直排列)、从左到右、从前到后(水平布置)的顺序依次为正极、中线、负极。其正极颜色为红色,负极为蓝色,中线为绿色和黄色相间色。

3. 分配电板

分配电板是由过载保护电器组成的集合体。对额定电流不超过16 A的电气设备进行供电的开关板,也称为分电箱,主要有动力分配电板和照明分配电板两种。

区域分配电板由主配电板或应急配电板馈电,是对耗电大于16 A的电气设备进行供电的开关板。

4. 应急配电板

应急配电板用于应急发电机的控制和监视,并向应急用电设备供电。它与应急发电机组安装在同一舱室内,一般位于艇甲板上。应急配电板由应急发电机控制屏和应急配电屏组成,其上面安装的仪器仪表与主配电板基本相同。应急发电机总是单机运行,所以不需要并车屏、逆功率继电器和同步表。

应急电网平时可由主配电板供电，只有当主发电机发生故障或检修时才由应急发电机组供电。主配电板连通应急配电板有供电联络开关，它与应急配电板的主开关之间设有电气联锁，以保证主发电机向电网供电（即主网不失电）时，应急发电机组不工作。一旦主发电机开关跳闸，经应急发电机组的自动起动装置确认后，自动起动应急发电机组，并合闸向应急电网供电。平时需要检查和试验应急发电机组时，可把应急发电机工作方式选择开关置于试验位置，使应急发电机脱离电网。有些采用自动管理的应急电站，只有在应急发电机工作后应急电网才允许转换为由应急发电机供电，以免与主电网发生冲击。

5. 充放电板

船舶小应急照明、操纵仪器和无线电设备的电源均采用蓄电池，船舶设置充放电板对蓄电池进行充电、放电，实现向用电设备正常供电。

6. 岸电箱

功能：主要是坞修时通过岸电箱接至船舶主配电板或应急配电板。

三、重要负载的供电方式

船舶重要负载是指那些与船舶航行、货物的保存、船舶及人身安全有关的电气设备。这些重要负载包括主机滑油泵、冷却水泵、燃油输送泵、燃油分油机、空压机、循环水泵、锅炉给水泵和风机、舵机、锚机、主机控制装置、导航、通信设备和各种报警装置，要求这些设备工作可靠，因此在配电时通常采取：

（1）主配电板直接供电方式，如舵机、锚机、消防泵、消防自动喷淋系统、无线电电源板、陀螺罗经、航行灯控制箱、苏伊士运河灯等。

（2）两路独立馈电线供电某些重要的负载，如舵机、航行灯控制箱等。

（3）在发电机高峰负载时采用自动分级卸载装置，自动分级卸掉次要负载，以确保重要用电设备的安全和连续供电。

（4）分段汇流排供电方式船上不少用电设备有两台或两台以上，每一段汇流排上接一台设备，当某一段汇流排上的线路发生故障又未能及时排除时，汇流排上的自动开关动作将两段汇流排分开，保证重要设备的另一台尚能继续工作，提高了可靠性。

第三节　三相交流同步发电机

转子转速与定子旋转磁场转速相同的交流发电机称为同步发电机。它区别于异步电机的特征在于当它的磁极对数为 p、转子转速为 n 时，输出电流频率 f

$$f=\frac{np}{60}$$

同步发电机与其他电机一样，具有可逆性，可用作同步发电机，也可用作同步电动机，在船上主要用作同步发电机。

一、三相交流同步发电机的构造与工作原理

1. 同步发电机的基本工作原理

定子：三相对称绕组 U_1-U_2、V_1-V_2、W_1-W_2；转子：磁极铁芯、励磁绕组。励磁绕组通入直流电流，建立转子磁场。原动机拖动转子以转速 n 匀速旋转时，转子磁场切割定子三相绕组，在三相绕组中感应出交变电动势。由于定子三相绕组在空间位置上互差 120°电角度，所以三相电动势在时间位置上互差 120°电角度。

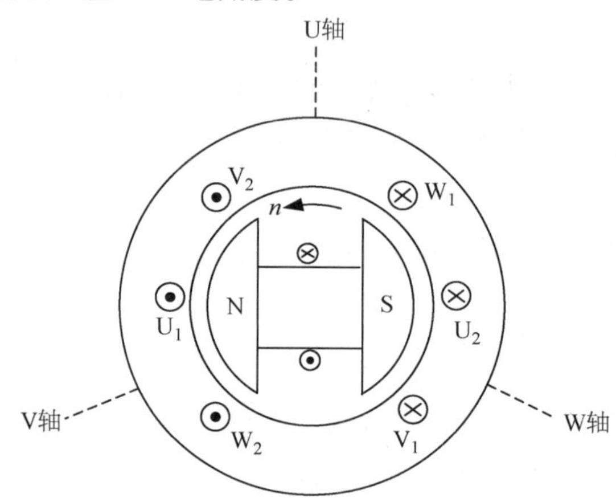

图 3-8　三相交流同步发电机工作原理

2. 同步电机的分类

按运行方式，同步电机分发电机、电动机；按结构形式，同步电机分旋转电枢式和旋转磁极式。旋转磁极式同步电机按磁极形状又分为隐极式和凸极式两种。按原动机类别，同步电机分为汽轮发电机、水轮发电机和柴油发电机等。

3. 励磁方式

自励：凡以发电机本身的电枢绕组或辅助绕组为励磁电源的励磁方式称为自励。

他励：凡设有专用励磁电源的称为他励，即采用励磁机进行励磁的就是他励。无刷同步发电机是他励的一种形式。

4. 同步电机的额定值

(1) 额定容量 S_N，指电机额定运行时输出功率的保证值。同步发电机是指输出的额定视在功率或有功功率，单位是 kVA 或 kW。电动机额定容量是指额定条件下转轴上输出的机械功率，单位是 kW。调相机用 kVA 或 kvar 表示。

(2) 额定电压 U_N，指额定运行时加在三相定子绕组上的线电压。

(3) 额定电流 I_N，指在额定运行状态下三相定子绕组的线电流。

(4) 额定频率 f_N，国家规定工频机组为 50 Hz，中频机组为 400 Hz。

(5) 额定转速 n_N，指对应额定功率下的转速。目前三相发电机组使用较多的是 1 500 r/min，单相发电机组使用的一般为 3 000 r/min。

(6) 额定励磁电流 I_f，指交流发电机在额定负载条件下，励磁绕组所通过的直流电流。

(7)额定励磁电压 U_f,指额定励磁电流下加在励磁绕组上的直流电压。

5. 同步电机的基本结构

定子(电枢)
- 定子铁芯:硅钢片叠成。
- 电枢绕组:三相对称绕组——铜线制成。
- 机座:钢板焊接而成,有足够的强度和刚度。

发电机定子绕组通常采用星形联结,减小三次谐波影响。

转子
- 转子铁芯:采用整块的含铬、镍和钼的合金钢锻成。
- 励磁绕组:铜线制成。
- 护环:保护励磁绕组受离心力时不甩出。
- 中心环:支持护环,阻止励磁绕组轴向移动。
- 滑环:引励磁电流经电刷、滑环进入励磁绕组。

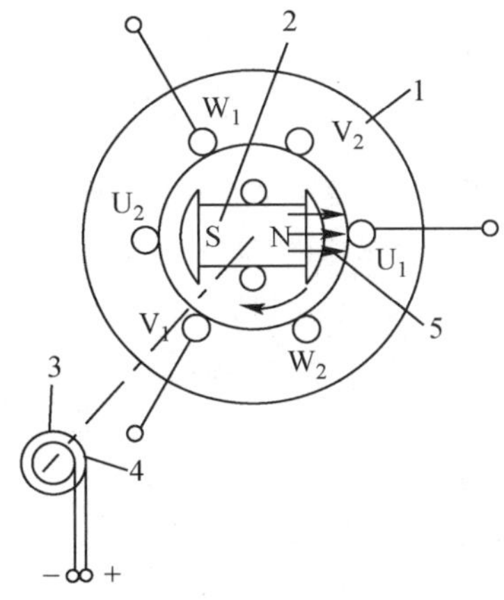

图 3-9　同步电机的基本结构

1—定子铁芯;2—转子;3—滑环;4—电刷;5—磁力线

6. 工作原理

外部直流电源通过滑环向转子提供直流励磁电流,并产生磁场;原动机拖动转子旋转,转子磁极磁场切割三相定子绕组,感应三相交流电。

(1)主磁场的建立:励磁绕组通以直流励磁电流,建立极性相间的励磁磁场,即建立起主磁场。

(2)载流导体:三相对称的电枢绕组充当功率绕组,成为感应电势或者感应电流的载体。

(3)切割运动:原动机拖动转子旋转(给电机输入机械能),极性相间的励磁磁场随轴一起旋转并顺次切割定子各相绕组(相当于绕组的导体反向切割励磁磁场)。相序由转子的转向决定。

(4)交变电势的产生:由于电枢绕组与主磁场之间的相对切割运动,电枢绕组中将会感应出大小和方向按周期性变化的三相对称交变电势。通过引出线,即可提供交流电源。

(5)感应电势每相感应电势的有效值。

(6)感应电势频率:感应电势的频率取决于同步电机的转速 n 和极对数 p,即 $f=\frac{pn}{60}$。

(7)交变性与对称性:由于旋转磁场极性相间,使得感应电势的极性交变;由于电枢绕组的对称性,保证了感应电势的三相对称性。

二、同步发电机的空载运行及空载特性

同步发电机被原动机拖动到同步转速,励磁绕组中通入直流电流,定子绕组开路的运行称为空载运行。同步发电机的空载特性如图 3-10 所示。

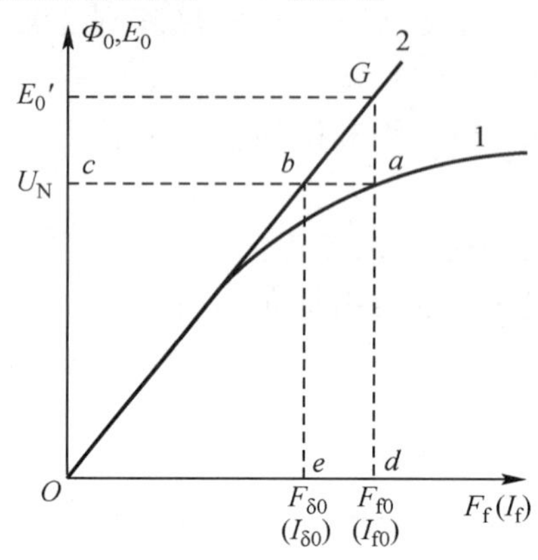

图 3-10　同步发电机空载特性

1—空载特性;2—气隙线

电磁关系:

$$I_f \text{ —— } \bar{F}_f \text{ —— } \dot{\Phi}_0 \text{ —— } \dot{E}_0 \quad (\bar{F}_f \to \dot{\Phi}_{f\sigma})$$

空载电动势 E_0大小:$E_0 = 4.44fN_1k_{w1}\Phi_0$

空载特性:$n = n_N, I = 0, E_0 = f(I_f)$

式中:f——频率;

N_1——电势常数;

k_{w1}——匝数;

Φ_0——空载磁通量;

n_N——额度转速;

E_0——空载电势;

I_f——励磁电流。

三、同步发电机的负载运行及电枢反应

定义:对称负载时由三相电枢绕组产生的旋转磁场称为电枢反应磁场。电枢反应磁场对气隙磁场的影响称为电枢反应。

电枢电流与空载电势的关系有同相位、滞后和超前三种。与之对应的电枢反应的性质有:交轴、直轴去磁和直轴增磁三种。

三个角:

内功率因数角 ψ:是$\dot{E}_0$ 与 $\dot{I}$ 的时间相位角,与电机参数及负载有关。

外功率因数角 φ:是 $\dot{U}$ 与 $\dot{I}$ 的时间相位角,与负载有关。

功率角(功角)δ:是$\dot{E}_0$ 与 $\dot{U}$ 的时间相位角。

三者关系:$\psi = \varphi + \delta$

四个轴:

直轴(纵轴、d 轴):主磁极线位置。

交轴(横轴、q 轴):与直轴成 90°电角度的位置。

相轴:每相绕组的轴线位置。

时轴:时间相量在其上投影可得瞬时值。

(1)$\psi = 0°$时的电枢反应(空载电动势 $\dot{E}$ 和电枢电流 $\dot{I}_a$ 同相位)

电枢反应性质:交轴电枢反应(图 3-11)。

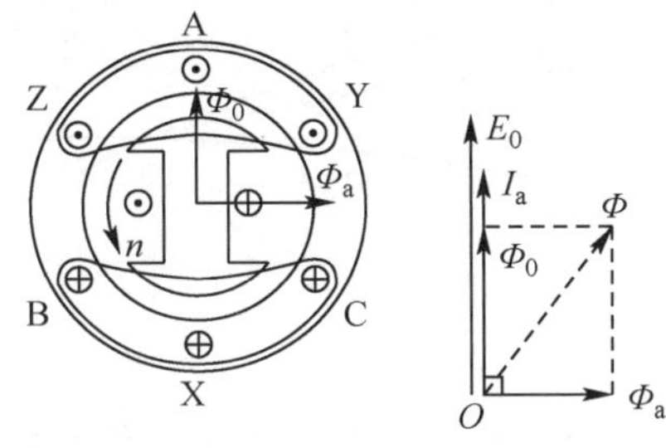

图 3-11　交轴电枢反应

(2)内功率因数角 $\psi = 90°$,空载电动势 $\dot{E}$ 在电枢电流 $\dot{I}_a$ 超前 90°

电枢反应性质:直轴去磁电枢反应(图 3-12)。

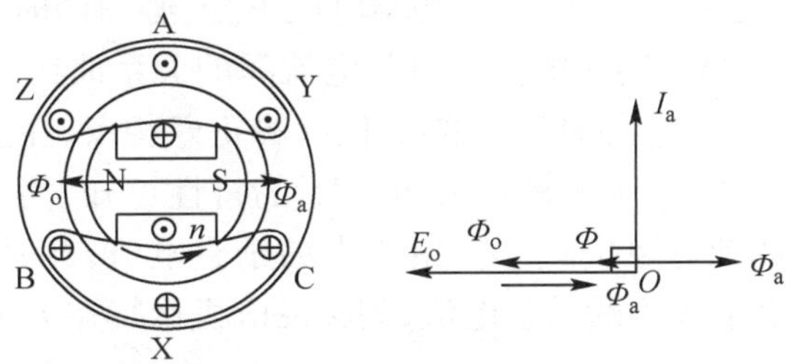

图 3-12　直轴去磁电枢反应

(3)内功率因数角 $\psi = -90°$,空载电动势 $\dot{E}$ 在电枢电流 $\dot{I}_a$ 滞后 90°

电枢反应性质:直轴增磁电枢反应(图 3-13)。

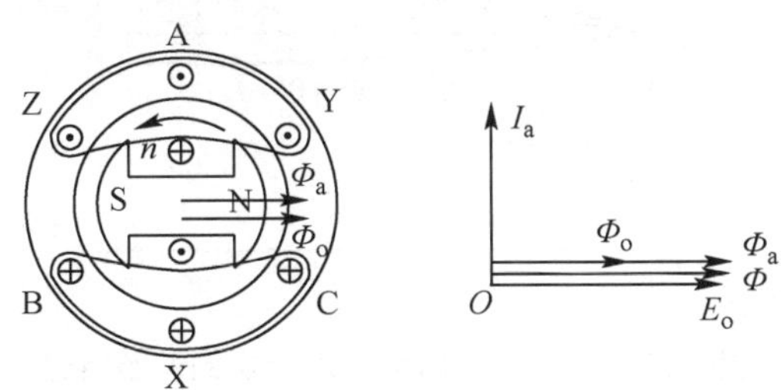

图 3-13　直轴增磁电枢反应

四、同步发电机的外特性及调节特性

1. 外特性

发电机在 $n=n_N$，I_f = 常数和 $\cos\varphi$ = 常数时，端电压 U 和负载电流 I 的关系曲线 $U=f(I)$ 称为外特性。它既可以由实验测出，也可用作图法间接求出。图 3-14 表示了不同功率因数下发电机的外特性。在感性负载和纯电阻负载时，电枢反应有去磁作用，而且定子漏阻抗压降又使端电压减小，故外特性是下降的。在容性负载下外特性一般是上升的。

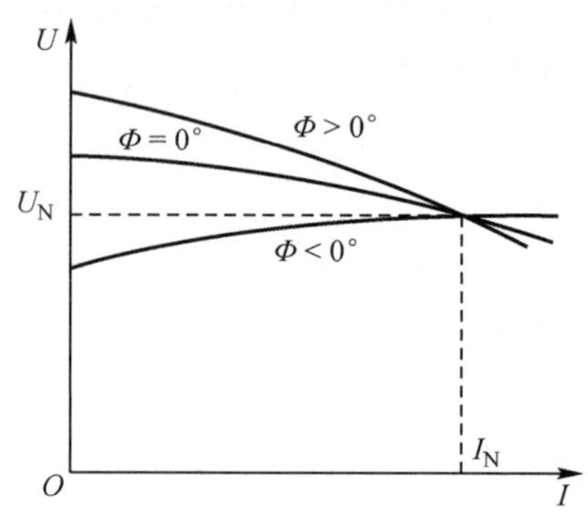

图 3-14　不同功率因数下发电机的外特性

2. 调节特性

当发电机负载电流 I 发生变化时，为维持端电压不变，必须同时调节发电机的励磁电流。当 $n=n_N$，U = 常数，$\cos\varphi$ = 常数，励磁电流和负载电流间的关系曲线 $I_f=f(I)$ 称为发电机的调整特性，如图 3-15 所示。显然，它与外特性的变化趋势正好相反，在感性和纯电阻负载时，它是上升的，而在容性负载下，它可能下降。由图 3-15 的特性可知，为了使不同功率下当 $I=I_N$ 时均能得 $U=U_N$，在感性和纯电阻负载下供给较大的励磁电流，此时称为发电机运行在过励状态，而在容性负载下可供给较小的励磁电流，则称发电机运行在欠励状态。

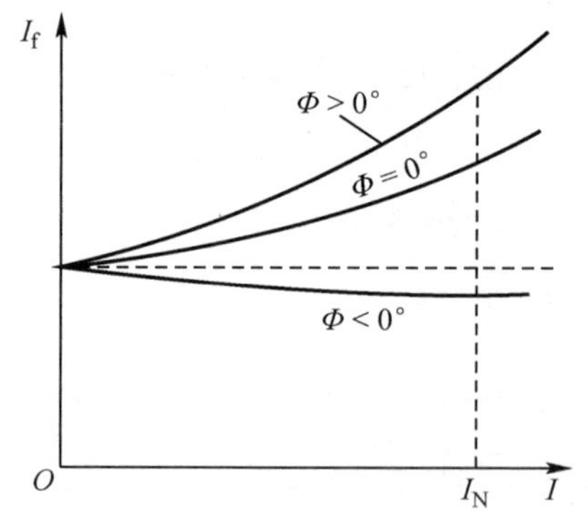

图 3-15　不同功率因数时发电机的调整特性

第四节　发电机主开关的基本结构和功能

自动空气断路器又称自动开关。船舶常用的有框架式(即万能式自动开关,如国产 DW 型)和装置式(如国产 DZ 型)自动开关。

船用万能式空气断路器用于发电机的主开关,是发电机投入电网的接入部件。在非正常运行情况下,如发生过载、电网短路、发电机欠压等,它能自动从电网上断开发电机。因此它既是开关电器,又是保护电器。装置式自动空气开关一般用作支路、负载屏、照明屏等的开关电器,不同型号产品具有不同的保护功能,一般都具有短路保护和过载保护功能。

国内外制造的船用发电机主开关的形式很多,结构不尽相同,但基本原理大同小异,一般都是由触头单片、灭弧装置、自由脱扣机构、操作机构和保护装置组成。其结构框图见图 3-16。

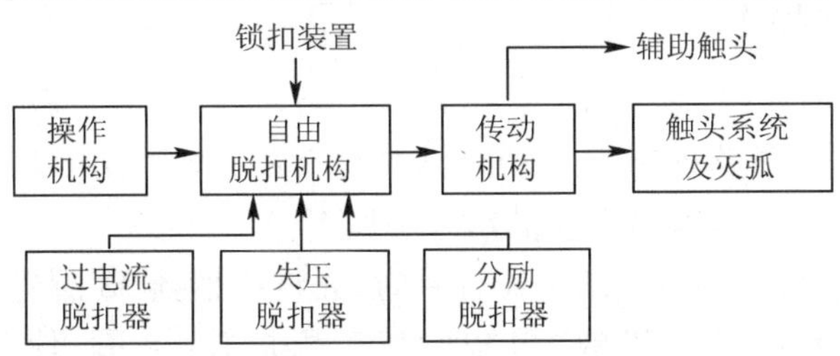

图 3-16　船用发电机主开关结构框图

一、触头和灭弧系统

触头在切断时电流很大可能会产生电弧,因此必须具有完善的触头系统,由主触头、副触头和弧触头组成。主触头承担电路的正常工作电流,弧触头是为了防止主触头断开电路时产生的电弧烧坏主触头而设置的。在合闸时弧触头先接通,然后依次是副触头和主触头。而分闸时,主触头先断开,然后是副触头和弧触头,断开电路产生的电弧在弧触头中熄灭。

自动空气断路器大多采用灭弧栅进行灭弧。

二、自由脱扣机构

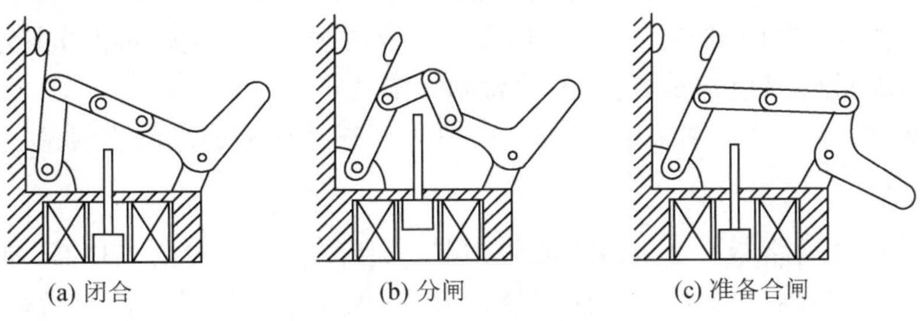

图 3-17　自由脱扣机构图

自由脱扣机构的作用是使触头保持完好闭合或迅速断开。图 3-17 所示是一个四连杆机构,它是触头系统和操作传动装置之间的联系机构。正常触头闭合状态如图 3-17(a)所示,而图 3-17(b)为分闸位置。由于衔铁动作,使顶杆向上逆动,撞击连杆接点,四连杆刚性连接被破坏,脱扣机构动作,使主触头处于断开状态。图 3-17(c)为准备合闸位置。当脱扣后,需再次合闸时,应先将手柄向下拉,使四连杆机构成刚性连接状态,做好合闸准备,一旦需要合闸,只需将手柄往上推即可。

三、操作机构

操作机构用于控制自由脱扣机构的动作,实现触头闭合或断开。自动空气断路器的操作传动装置常见的有手柄式、连杆式、电磁式、电动式等。但无论哪一种操作方式,合闸前都必须先将储能弹簧储能,使自由脱扣机构处于"再扣"位置,然后利用储能弹簧释放能量实现合闸。

使用弹簧加载以闭合和断开断路器是由在现场的制动操作装置执行的,通过安装有关的附件,也可以用电气遥控操作。

1. 手动操作

各种类型的自动空气断路器都有手动合闸操作手柄,通常有转动和上下扳动两种形式。几种常见的国产自动空气断路器的手动操作方法如下:

早期国产的 DW-94 型自动空气断路器合闸时,先将手柄摇 38 圈左右,通过蜗轮蜗杆传动将储能弹簧拉长储能,自由脱扣机构"再扣",然后再摇 2 ~ 4 圈,使储能弹簧释放,以实现合闸。

DW-95 型和 DW-98 型主开关合闸时,需先将手柄逆时针转 110°和 90°,然后再顺时针转一定角度,使储能弹簧储能,自由脱扣机构"再扣",再继续顺时针转一定角度即实现合闸。

AH 型主开关合闸时首先将手柄向下扳,使储能弹簧储能,自由脱扣机构"再扣",再将手柄扳向上方,即实现合闸。

各类自动开关都有手动机械脱扣按钮,分闸时,只要按下"分闸"按钮即可实现分闸操作。尚有一些自动开关,利用扳动手柄储能,使用手动机械合闸按钮合闸。

2. 电磁或电动合闸

DW-94 型电动合闸主开关采用电动操作时,其合闸操作线路原理如图 3-18 所示。当发电机建立电压后,红色指示灯亮,失压脱扣线圈获电,操作电动机 M 通电转动,使弹簧储能,直至凸轮将储能开关中的常开触点闭合、常闭触点断开,此时黄色指示灯亮,表明储能弹簧已储能,自由脱扣机构已处于"再扣"位置。合闸时,按一下合闸按钮 SB,电动机再次转动,使储能弹簧释放,主开关合闸,此时绿色指示灯亮,表示合闸完毕。

DW-95、DW-98 型电动合闸采用电磁操作,其合闸操作线路原理图不讨论。

3. 保护元件

万能式自动空气断路器通常设有电流脱扣器、失压脱扣器及分励脱扣器,通过它们对自由脱扣机构的作用来实现对主电路的短路、过载、失压、欠压等保护及遥控分励操作。其原理示意图如图 3-19 所示。

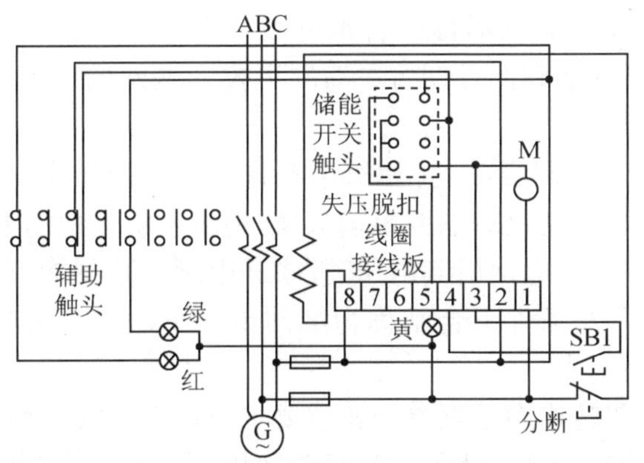

图 3-18　DW-94 电动合闸原理图

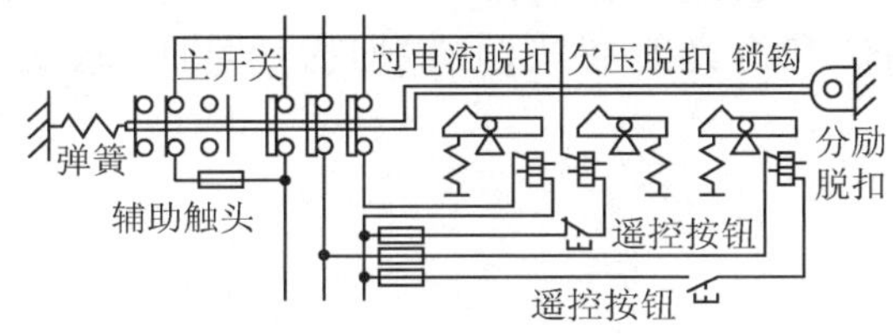

图 3-19　脱扣器原理图

过电流脱扣器一般有电磁式和半导体式，它被用作发电机的短路和过载保护，一般具有反时限延时动作、定时限动作和瞬时动作三种动作特性。当短路故障和过载现象发生时，瞬时或经短延时或经长延时后接通电磁铁使过电流脱扣器瞬时动作，开关自动跳闸。延时元件通常采用钟表机构或利用 RC 充放电回路等来实现。如 DW-94 型延时采用钟表和齿轮摆式时间继电器完成，DW-95 型、DW-98 型则采用电容充放电延时。

欠压脱扣器一般由一个瞬时动作的电压继电器组成，当线路电压低于规定的整定值时，由于电磁吸力的不足引起继电器释放，通过自由脱扣机构使开关自动跳闸。为避免电网电压瞬时波动产生误动作，可采用延时，延时时间一般为 1 ~ 3 s。

分励脱扣器主要用于远距离控制自动开关的断开，当按下分励脱扣按钮时，继电器吸合，通过自由脱扣机构将自动开关断开。

第五节　同步发电机的并联运行的条件及并车的操作方法

单机供电的缺点：不能保证供电质量（电压和频率的稳定性）和可靠性（发生故障就得停电）；无法实现供电的灵活性和经济性。这些缺点可通过多机并联来改善。

通过并联可将几台电机或几个电站并成一个电网。现代发电厂都是把几台同步发电机并联起来接在共同的汇流排上，一个地区总有多个发电厂并联起来组成一个强大的电力系统（电网）。

电网供电优点：

（1）提高了供电可靠性。一台电机故障或检修不会引起停电事故。

(2)提高了供电的经济性和灵活性。若水电厂与火电厂并联,在枯水期和旺水期两种电厂可以调配发电。用电高峰期和低谷期可灵活决定投入电网的发电机数量,提高发电效率和供电灵活性。

(3)提高了供电质量。电网容量大(相对于单台发电机或个别负载可视为无穷大),单台发电机投入与停机、个别负载变化对电网影响甚微,衡量供电质量的电压和频率可视为恒定不变的常数。同步发电机并联到电网后其电压、频率和电网一致不能单独变化。

准同步并车:在满足并车条件下合闸称为准同步并车(由自动装置完成准同步并车则称为自动准同步并车)。

并车操作:一般只调节转速满足频差和相位要求,电压条件由自动调压装置完成。

整步过程:调整待并机的频率,使其满足频差和相位条件的操作过程。

手动准同步并车方法有灯光法和同步表法。

灯光法又分灯光明暗法和灯光旋转法,是根据指示灯明、暗变化情况进行并车操作的方法。

一、灯光法

1. 灯光明暗法电路(图 3-20)

(1)性能

①灯光很亮说明待并机与电网相位差很大,熄灭说明相位差很小或为零,灯光明暗度说明相位差的大小。

②灯光明暗变化快说明频差大,变化慢说明频差小。

(2)合闸

调待并机的调速开关(即调油门),使灯光明暗变化慢(周期为 3 ~5 s),灯光熄灭后(接近灯暗区中心)(ΔU 为 30% U_e 灯灭),合闸并车。

(3)缺点

灯光明暗不能说明 f_2 是快还是慢。

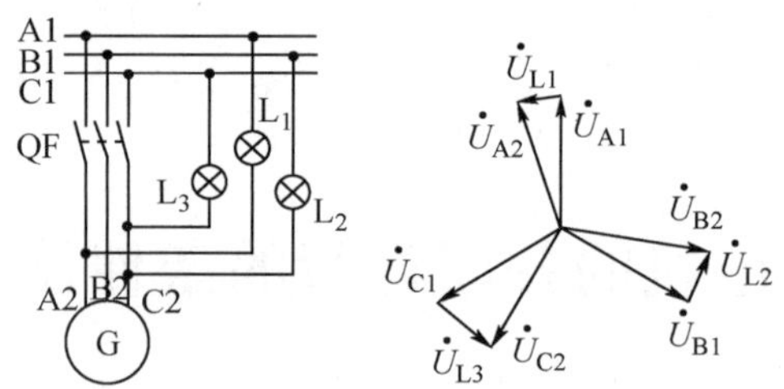

图 3-20　灯光明暗法

2. 灯光旋转法

灯光旋转法如电路图 3-21 所示。

(1)性能

① $f_2>f_1$:三灯熄灭的顺序为 $L_1 \to L_2 \to L_3 \to L_1$;

$f_2<f_1$:三灯熄灭的顺序为 $L_1 \to L_3 \to L_2 \to L_1$;

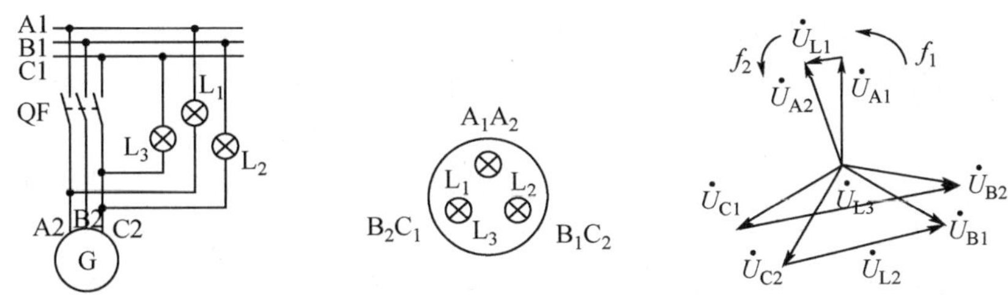

图 3-21　灯光旋转法

②灯光明暗变化快说明频差大,变化慢说明频差小,L_1 灯光明暗度说明相位差的大小。

(2)合闸

调待并机的调速开关:f_2 快减速、f_2 慢加速,使灯光旋转慢(周期为 3 ~5 s),熄灭的顺序为 $L_1 \to L_2 \to L_3 \to L_1$(快向、顺时针,防逆功率),接近 L_1 灯熄灭区中心,合闸并车。

二、同步表法

同步表法是用来指示待并机与电网的电压相位差、频率差及其方向的仪表。目前同步表有电磁式和数字式两种。数字式同步表可分为硬件式和软件式。硬件式同步表是把待并机电压和电网电压的正弦波信号分别转换为矩形波信号,矩形波前沿为正弦波的过零点。这两个不同频率的矩形脉冲系列送入可逆计数器,进行计数,就可得到 Δf 的信号,通过译码器驱动电路使均匀布置在圆周上的发光二极管发亮,指示出两电压的相位差值。这种硬件式数字同步表的关键技术在于正弦波的过零时刻应与矩形波的前沿时刻对应,如果正弦波不标准,会有杂波干扰,影响仪表精度。软件式同步表采用计算机虚拟仪表技术,在显示器上开出一个窗口来显示。

电磁式同步表根据产生旋转磁场的方式,有两线圈交叉成 90°、两线圈交叉 60°和三线圈式等,如图 3-22 所示为三线圈式同步表原理图。

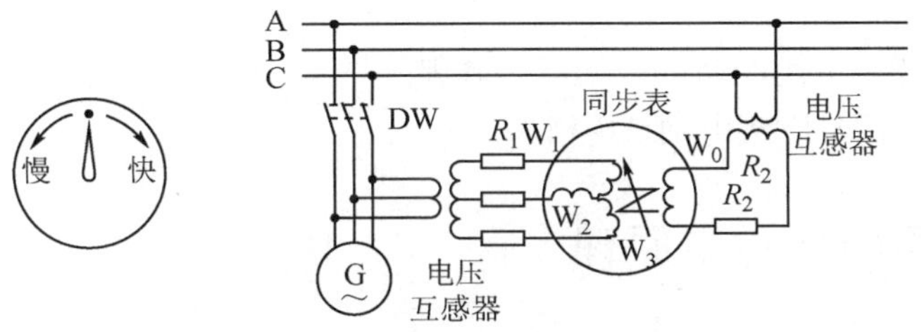

图 3-22　三线圈式同步表原理图

三线圈电磁式同步表的构成包括磁路铁芯、产生旋转磁场的三个线圈和一个产生脉动磁场的线圈。在仪表的外空间嵌放着相差 120°角度的三个对称线圈,通过电压互感器接入待并机的三相对称电流,产生一个旋转磁场(其原理与异步电机定子电枢产生旋转磁场一样),其同步转速为 n,与待并机的频率成正比。该表中还有一个线圈,它通过电压互感器接入电网的 ABC 线电压,产生一个脉动磁场,脉动频率与电网电压频率 f_w 相等。该线圈中间穿过一根转轴,轴上两端装 Z 形铁片,从而改变脉动磁场的磁路,即在轴端部磁力线由轴向改为径向,磁化 Z 形铁片。当待并机的 f_1 与电网频率 f_w 相等时,旋转磁场转动一圈的周期与脉动磁场磁化 Z 形铁片的极性从 N—S—N 变化一次的时间相等。所以,旋转磁场空间位置与脉动磁场磁化

Z形铁片达到最大值位置是相对不变的,转轴不会转动,指针固定指在某一个位置。这个位置由待并机组电压与电网电压初相位差所决定,通常称相位差为零的位置为整步点(或称同步点)。

若待并机电压超前电网电压一个电角度,指针就指在整步点右边(快方向)角度;若待并机电压滞后于电网电压一个电角度,指针就指在整步点左边(慢方向)角度上。若待并机频率 $f_1 > f_w$,即旋转磁场转动速度高于脉动磁场的变化速度,Z形铁片与旋转磁场相遇的空间位置将不断沿顺时针方向变动,即整步表指针将不断向“快”方向转动。若待并机频率 $f_1 < f_w$,旋转磁场转动速度低于脉动磁场的变化速度,整步表指针将不断向“慢”方向转动。频差越大,其指针转动的速度越快,但频差过大时,由于转轴惯性,转轴只能左右摇摆,即指针在某一个位置一定幅度左右摆动。而频差过小,转动一圈时间很长($T_s = 1/\Delta f$),到达同步点的时间将很长,甚至不动。对于同步表的灵敏度而言,一般要求频差在0.125 Hz时,指针能持续转动。

运用整步表能检测出待并机与电网的频差大小和方向,而且指针不同位置指出相位差的大小。并车操作时,应使整步表指针转动一周所需时间大于4 s($\Delta f \leqslant 0.25$ Hz),在整步点到来前的一个小角度,把握时机,果断合闸。当动、静触头闭合瞬间正好是初相位一致时刻,这时合闸冲击电流最小;提前一个小角度而不在整步点才合闸,是因为每个主开关都有一个固有动作时间。

应当指出:同步表按短时工作制设计,一般持续工作时间不大于15 min,间隔时间为30 min,所以,并车操作过程不宜太长,并车成功后应及时切除。

归纳如下:

1. 并车操作

(1)当同步表指针指快向,调待并机调速开关减速;当同步表指针指慢向,调待并机调速开关加速。

(2)当指针指快向(顺时针)旋转,转速慢(周期为3~5 s),指针在红点前10°~15°,即11点钟位置(开关惯性)合闸,待并机牵入同步。

2. 性能

(1)并车后同步表应断电(15 min短时工作制)。

(2)接线要正确,转子应接电网AB相。

三、电抗器粗同步并车原理

1. 特点

基本满足并车条件:调节待并机频率(条件同准同步),观测电压差别不大,不考虑相差(最好 $\delta < 90°$)。先在待并机和电网间接入一个电抗器(短时工作制、空心线圈),限制冲击电流(I 为 $1.2I_e \sim 1.4I_e$)和冲击转矩,牵入同步(电抗器不能太大,要有足够的环流),然后合闸,自动延时切断电抗器。

2. 电路原理

如图3-23所示,设 G_1 为运行机,G_2 为待并机。

按下 SB_2→KM_2 通电→副触点闭合→自锁→限流→主触点闭合→G_2 与电网接电抗器X接通→牵入同步→KT_2 通电触点延时闭合→KM_4 通电触点闭合→DW_2 通电→常闭副触点断

开→KM_2、KT_2、KM_4断电触点复原→主触点空气开关合闸(线圈通电合闸,断电无影响)。

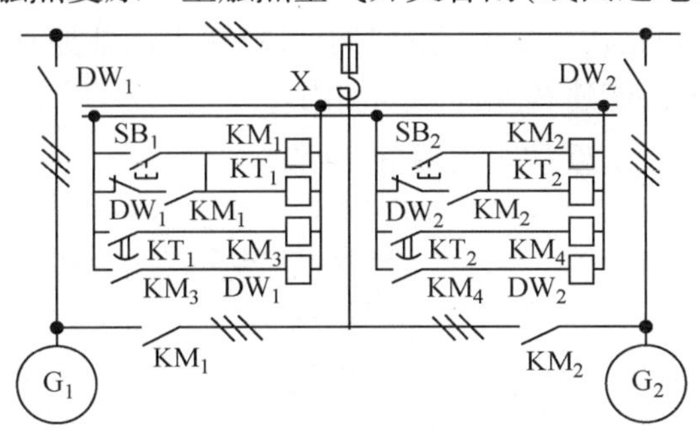

图 3-23 电抗器粗同步并车原理图

第六节 并联发电机组有功功率分配与调节

一、电力系统频率波动的原因及其影响

1. 电网频率与发电机组的转速关系

电网频率与发电机组转速有如下关系式:

$$f = \frac{pn}{60}$$

p 为发电机组转子极对数,n 为发电机组的转速(r/min),f 为电力系统频率(Hz)。

设原动机输入功率为 P_T,发电机负荷功率为 P,忽略内部损耗。当 $P_T = P$ 时,输入功率与输出功率平衡,系统转速(即频率)不变。如果系统中的负荷突然变化使发电机输出功率增加 ΔP_F,而由于机械惯性,原动机的输入功率还来不及变化,这时,$P_T < P_F + \Delta P_F$。

为了保持功率平衡,机组把转子的一部分动能转换成电功率,使机组转速降低,系统频率下降。可见系统频率的变化,是由于发电机的负荷功率与原动机输入功率之间失去平衡所致。

2. 电力系统的负荷调节效应

当系统频率变化时,整个系统的负荷功率也随之改变,叫作负荷的功率频率特性,即 $P_L = F(f)$。

在电力系统中,当功率平衡被破坏引起频率变化时,负载吸收功率的变化起着补偿的作用,使系统能在另一个频率值下得到新的平衡,这种现象称为电力系统的负荷调节效应。负荷调节效应,对于限制系统频率变化是有利的,但只依靠这个效应,频率的变化将是很大的。为了保证系统的频率变化在一定的允许范围内(±0.2 Hz),发电机组必须配置调速器。

二、同步发电机组调速器及调速特性

电力系统要求频率能维持在一定范围之内,因此调速器应是一种“定速调速器”,即通过调速器调节维持原动机转速不变。调速器种类有机械式、液压式和电子式等。但无论哪种形式,其工作原理都是测出偏差后,根据偏差的大小和极性去调节原动机,使原动机在负载从零到额定值范围内变化时,维持转速在允许的范围内。

1. 调速器的结构和动作原理(见图 3-24)

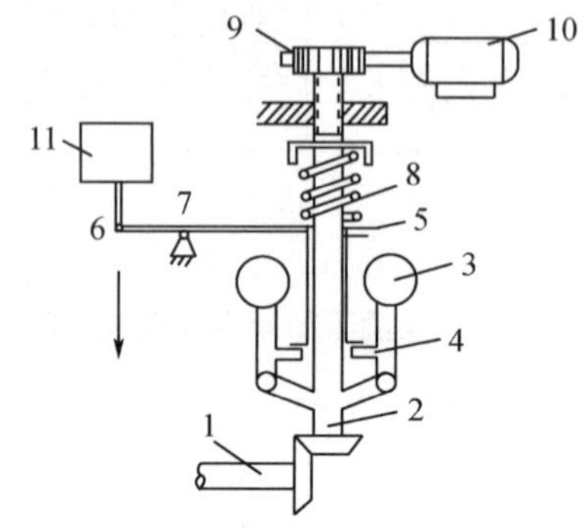

图 3-24 离心式调速器示意图

1—传动轴;2—轴;3—飞铁;4—拨爪;5—滑套筒;6—弹簧;7—杠杆;8—拉杆;9—蜗轮蜗杆;10—伺服电动机;11—油门控制机构

2. 调速器的特性

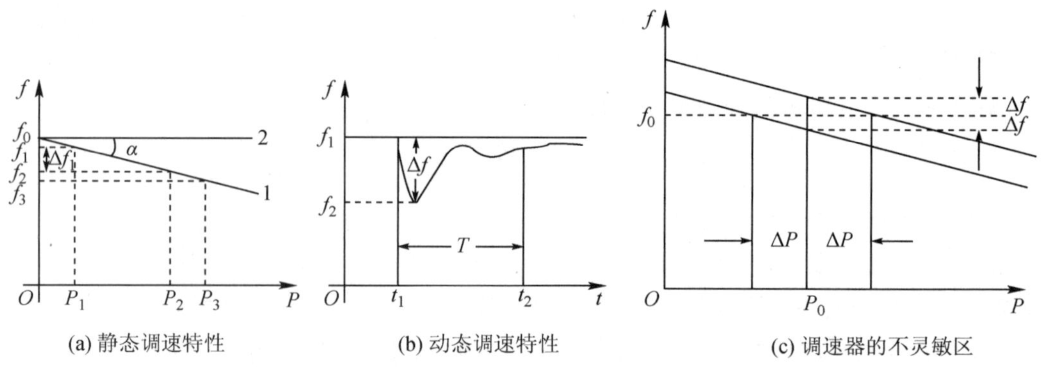

(a) 静态调速特性 (b) 动态调速特性 (c) 调速器的不灵敏区

图 3-25 调速器的特性

(1)发电机的调差系数

$$K = -\frac{\Delta f}{\Delta P}$$

负号表示发电机输出功率的变化和频率变化符号相反。

(2)原动机的动态特性——转速与时间的变化关系。其指标有:

①瞬时调速率

$$J = \frac{n_2 - n_1}{n_e} \times 100\%$$

②转速恢复到稳定值所需要时间 T;

③调节特性的失灵区。

由于测量元件的不灵敏性,对微小的转速变化不能作出反应,调速器具有一定的失灵区,因而调节特性实际上是一条具有一定宽度的带子。

三、并联同步发电机组有功功率分配与调节的基本工作原理

1. 单机运行时频率的调整(见图 3-26)

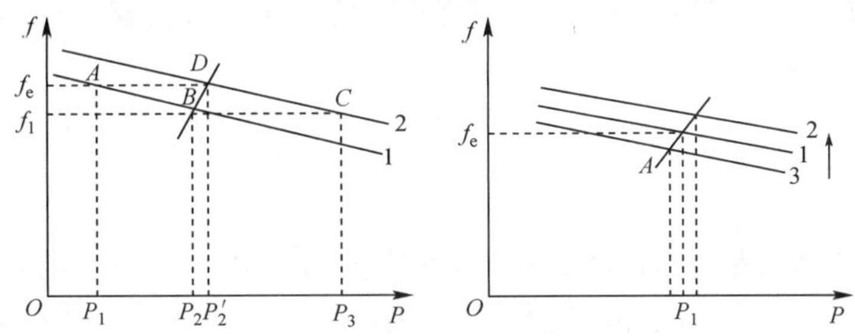

图 3-26　单机运行时频率的调整

B 点:调速器一次调节,增加机组的输入功率 P_T,频率稳定在 f_2;

D 点:调频器二次调节,增加机组的输入功率 P_T,频率稳定在 f_e。

2. 并联发电机组的功率与频率调整(见图 3-27)

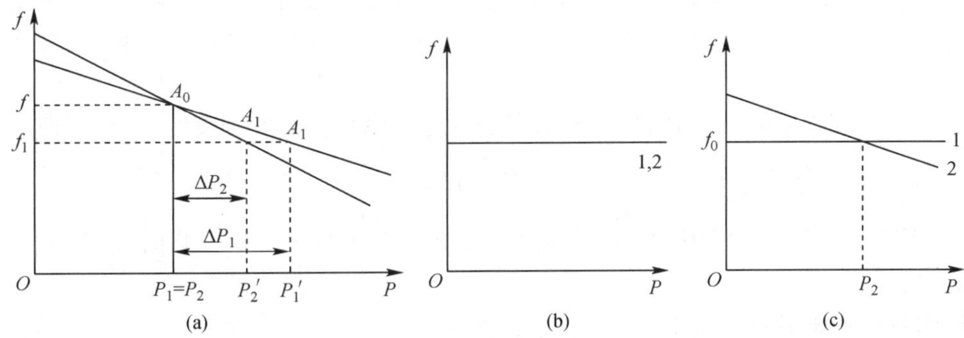

图 3-27　并联发电机组的功率和频率调整

有差特性:并联运行时能随电网负荷变化自动稳定分配有功功率;

理想特性:下降的有差(下降率 3% 左右),且斜率一致的特性。

四、并联同步发电机组有功功率分配与调节手动操作方法

方法:通过操作调速器电动机的控制开关(在发电机控制屏上),使电动机改变调速器弹簧预紧力,使特性上下平移。转移负载时必须同时向反方向调节两机组的调速控制开关,才能保持电网频率不变。图 3-28 所示为负荷转移图。

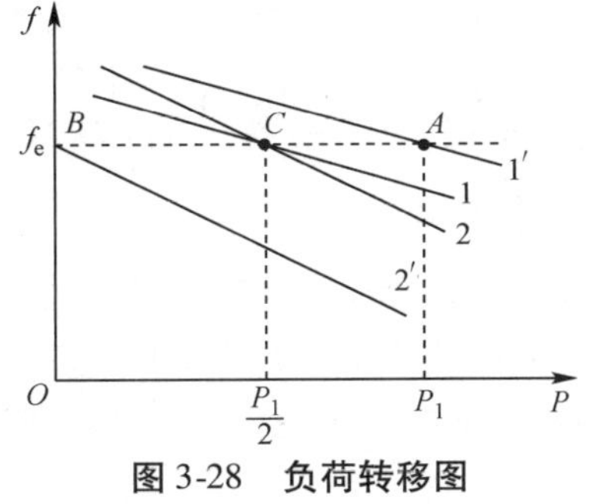

图 3-28　负荷转移图

第七节　同步发电机自励恒压装置与无功功率分配

一、概述

(1)维持供电电压的稳定是保证供电质量的主要措施之一。然而,电网电压是会经常变化的,船舶电网电压波动比陆上大电网电压波动更为严重,其电压是否稳定取决于发电机的自动励磁调整装置(自动电压调节器)性能。

(2)励磁控制系统是发电机的重要组成部分,它的主要任务是根据发电机的各种运行状态,向发电机的励磁系统提供一个可调的直流电流,以稳定发电机的输出电压。性能优良、可靠性高的励磁系统是保证发电机安全发电、提高电力系统稳定性所必需的。

(3)引起电网电压波动的主要原因是负载变动。负载电流幅值变化或负载性质变化都将引起发电机的电枢反应发生变化,从而引起发电机端电压的变化。船舶负载多是感性的,且变化无规律。

当忽略发电机电枢电阻,用同步电抗来表征发电机电枢反应的程度时,电压平衡方程式为

$$\dot{U} = \dot{E}_0 - \mathrm{j}\dot{I}X_\mathrm{S}$$

可见,当 $\dot{E}_0$ 不变,而 $\dot{I}$ 变化,即电流幅值变化或 U 与 I 的夹角 φ 变化时,都将引起电压 U 的幅值变化。

对船用自动励磁装置的要求:

基于船舶工作环境的特殊性,对自动励磁调整装置的基本要求是:简单可靠;灵敏度高而稳定;保证电压为给定水平;具有一定的强行励磁能力;合理地分配无功功率以及充分地考虑经济等方面的因素。

1.静态和动态特性的要求

(1)静态特性

对静态电压调整的要求:

$$\Delta U\% = \frac{U_{\max}(\text{或}\ U_{\min}) - U_\mathrm{e}}{U_\mathrm{e}} \times 100\%$$

(2)动态特性

对动态电压调整的要求:

$$\Delta U_s\% = \frac{U_{\max.s}(\text{或}\ U_{\min.s}) - U_\mathrm{e}}{U_\mathrm{e}} \times 100\%$$

《钢质海船入级规范》规定:

静态指标:发电机从空载至满载,功率因数保持为额定值,主发电机的静态电压变化率应在2.5%以内,应急发电机的静态电压变化率应在3.5%以内。

动态指标:发电机突加或突减50%的额定电流及功率因数不超过0.4(滞后)的对称负荷

时,发电机的动态电压变化率应在 ±15% 以内,电压恢复时间不超过 1.5 s。

2. 强行励磁

从提高发电机并联工作稳定性和电动机运行稳定性以及继电保护装置动作的准确性等动态稳定性的观点出发,要求调压器的动作要迅速。解决这个问题的方法之一就是实行强行励磁,也就是要求励磁系统应能保证最短的时间内,把励磁电流升高到超过额定状态时的最大值。

3. 电磁兼容性

这是描述电气设备在规定的电磁环境中有效工作的能力。对励磁装置的电磁兼容性要求主要体现在不干扰其他设备的正常工作这一方面。

4. 自励起压性能

这是对自励类型的励磁装置的要求。保证发电机依靠剩磁从静止起动后能迅速顺利地发出规定的电压。自励类型的励磁装置应用最为普遍。

二、自励恒压装置的分类及调压原理

1. 按发电机电压偏差 ΔU 调节

发电机在运行中,由于某种原因使得发电机输出电压与给定的电压出现偏差 ΔU 时,调节器将根据偏差电压的大小和极性输出校正信号,对发电机励磁电流进行调节。由于被检测量和被调量都是发电机端电压,恒压装置与发电机构成一个闭环调节系统,稳态特性比较好,静态电压调整率一般均在 ±1% 以内。晶闸管自励恒压装置属于这种类型。

2. 按负载电流 I 和功率因数 $\cos\varphi$ 调节

发电机电压的波动,是由于负荷的变化和故障所引起。如果被测量是发电机的负载电流 I 及功率因数 $\cos\varphi$,再经调压器去调节励磁电流来稳定发电机电压。这时被测量和被调量不同,故构成一个开环调节系统,静态特性比较差,但动态特性较好。不可控相复励自励恒压装置属于这种类型。

3. 按 I 和 $\cos\varphi$ 及 ΔU_i 调节

这类复合调节是将上述两种调压方式结合在一起。它是在按负载调节的基础上采用自动电压调节器(AVR)。静态和动态特性都比较好,是一种较理想的励磁调节装置。可控相复励自励恒压装置属于这种类型。

目前主要采用的类型有:不可控相复励自励恒压励磁装置、可控相复励自励恒压励磁装置、晶闸管自励恒压励磁装置、无刷同步发电机励磁系统。

自励恒压同步发电机是船舶上广泛使用的交流发电机。这种同步发电的励磁电流不是由专门的直流励磁机供给,而是由同步发电机本身输出电流的一部分,经过适当的变换后供给的。这类同步发电机统称为自励恒压同步发电机。根据负载电流的大小及电流相位共同对发电机励磁进行调整的同步发电机称为相复励自励恒压同步发电机。

下面我们讨论自励恒压同步发电机是怎样实现自励起压的,以及为了保证自励起压可采取哪些措施。同步发电机采用自励起压时,其起压过程示意图如图 3-29 所示。同步发电机的自励是一种内反馈，整个系统并无外来输入量。在发电机的磁极上存在剩磁的条件下，当其转子(即磁极)以额定转速旋转时，在定子绕组中感应出具有额定频率的交流剩磁电势。这个剩磁电势经整流后加在励磁绕组上，图3-29同步发电机自励起压过程磁绕组内将通过不大的励磁电流，在发电机磁路中建立磁势，这样系统的输出量返回到输入端。如果磁化方向与剩磁方向相同。就可使气隙磁场得到加强，由它感应产生的电势得以升高，从而增大整个系统输出量——电枢端电压。由于整流装置交流侧励磁电压就是电枢端电压，因此，气隙磁场更得到增强，这样反复上升，直到端电压达到 U_e 时，励磁电流 I_L 不再增大，电压不再上升为止，此时已建立额定电压 U。

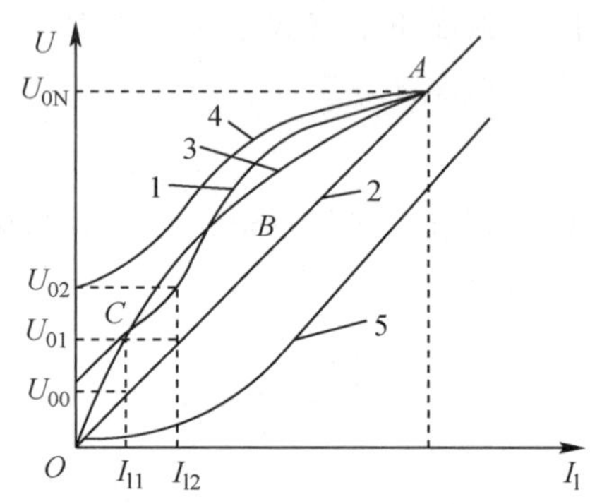

图3-29　自励恒压同步发电机起压过程示意图

图3-29中曲线1为发电机的空载特性，即在一定的励磁电流下发电机能产生多大空载电势的曲线。曲线2为场阻线，在给定励磁回路电阻条件下，一定的发电机端电压 U 将产生多少励磁电流 I_L 的关系曲线。曲线3为采用硒整流器时的场阻线，可以看出，其初始电压高于发电机的空载特性初始点，此时发电机就不能自激。

同步发电机自励起压是个正反馈过程，整个过程并无外来输入量。要完成自励起压，必须具备下列条件：

①发电机必须有足够的剩磁，这是自励的必要条件。新造的发电机无剩磁，长期不运行发电机剩磁也会消失，这时可用其他直流电源进行充磁。

②要使自励过程构成正反馈，由剩磁电势所产生的电流建立的励磁磁势必须与剩磁方向相同，所以整流装置直流侧的极性与励磁绕组所要求的极性必须一致。

③发电机的空载特性曲线与励磁特性曲线必须有确定的交点 A，使正反馈稳定在这一点上，这个交点的纵坐标就是发电机的空载电压值。

为了保证同步发电机自激起压，须采用下列措施；

①提高发电机的剩磁电压(加恒磁插片或用蓄电池临时充磁)。

②减小励磁回路电阻(用锗或硅整流器代替硒整流器或用谐振法减小励磁电路阻抗)。

③利用复励电流帮助起压产生的复励电流帮助起压。

三、不可控相复励恒压的基本原理

为讨论方便起见，我们将相复励自励恒压同步发电机的励磁装置部分与同步发电机本体分开，把励磁装置部分称为相复励自励恒压装置，并把带有自动电压调整器的励磁装置称为可控相复励自励恒压装置，把不带自动电压调整器的励磁装置称为不可控相复励自励恒压装置。

下面先讨论不可控相复励自励恒压装置。既能反映电流的大小，也能反映电流的相位的线路称为相复励线路。

不可控相复励调压装置中有电压和电流源两个励磁分量，并在整流前交流侧进行向量合成。电压分量和电流分量在交流侧相加常用有三种方法：①电流相加；②电势相加；③电磁相加。它们的单线原理图如图 3-30 所示。

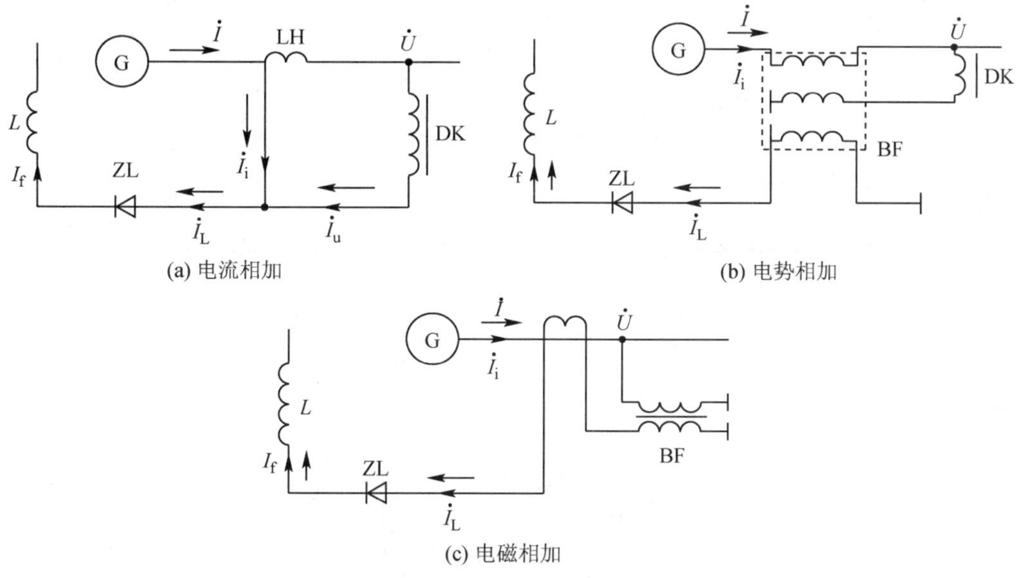

(a) 电流相加　(b) 电势相加　(c) 电磁相加

图 3-30　不可控相复励调压装置的单线原理图

四、可控相复励自励恒压装置

不可控相复励自励恒压装置是按负载电流大小和相位对发电机端电压进行调整的，它具有结构简单、工作可靠、动态性能和经济性能好等优点，但在不同容量发电机并联运行时实现无功功率均匀较难。

为了进一步改进电能质量，可在不可控相复励自励恒压装置的基础上加装自动电压调整器，按照电压偏差对发电机端电压进一步调节，这就是所谓可控相复励自励恒压装置。

按电压校正器与相复励部分组合形式的不同，可控相复励自励恒压装置的基本形式有：①可控移相电抗器形式；②可控电流互感器形式；③可控饱和电抗器分流形式；④可控硅分流形式。

1. 可控移相电抗器的形式

其形式如图 3-31(a)所示，移相电抗器的电抗值可变。由 AVR 输出的直流信号控制电抗器磁路的饱和程度，改变其电抗值，从而改变励磁电流电压分量的大小，起到校正电压的作用。

2. 可控电流互感器的形式

如图 3-31(b)所示，它是三绕组交流电流互感器加上一个直流控制绕组构成的可控电流互感器。由 AVR 输出的直流信号控制互感器铁芯的磁化程度，使互感器的变比发生变化(不再等于互感器的匝数比)，从而改变副边输出电流即励磁电流的大小。

3. 可控饱和电抗器分流的形式

如图 3-31(c)所示,电流叠加相复励输出励磁电流呈过励状态,由饱和电抗器适当分流来控制发电机端电压恒定。AVR 输出的直流信号控制的铁芯磁化程度,即控制电抗值的大小,从而改变其分流的大小。

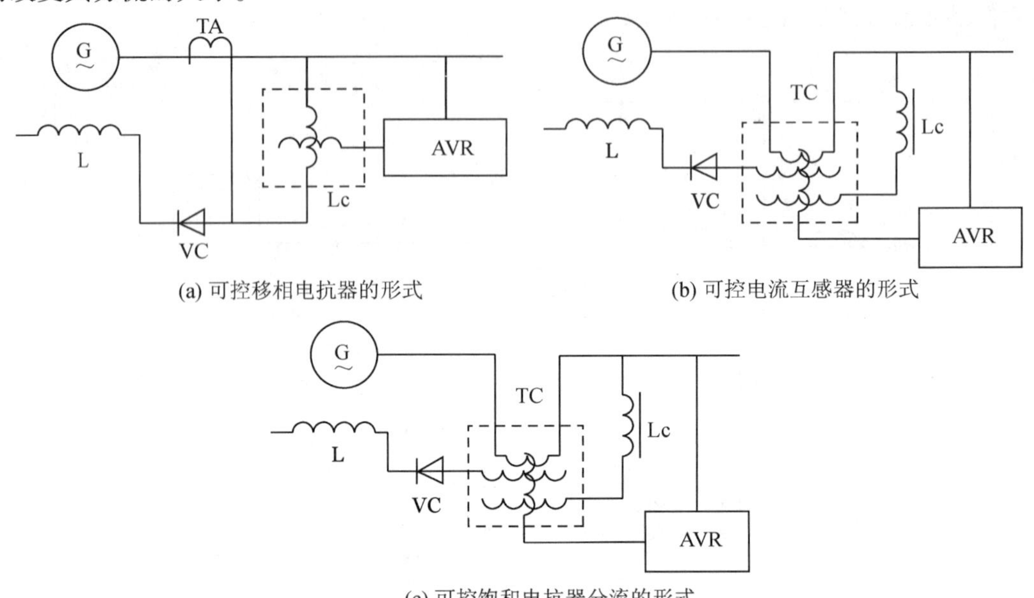

图 3-31　可控相复励自励恒压装置

4. 可控硅分流形式

由电流叠加或电磁叠加型不可控相复励装置加分流可控硅,则构成了可控硅分流的可控相复励恒压装置。其 AVR 控制可控硅的导通角,从而改变励磁电路的分流大小,以达到电压偏差的可控调节。其形式有交流侧分流、直流侧分流和半波分流三种,如图 3-32 所示。

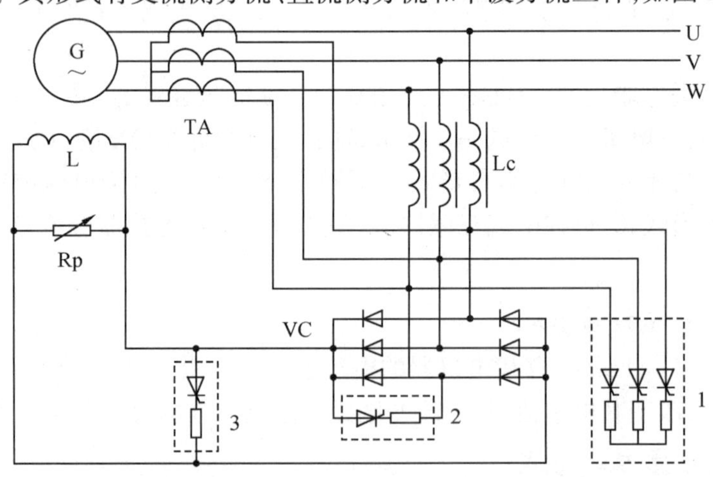

图 3-32　可控硅分流的可控相复励恒压装置

交流侧分流类似于可控饱和电抗器分流形式,所不同的是后者是连续分流且体积大、重量重;而可控硅交流侧分流是断续分流,且有三组分别触发的三相可控硅。可控硅的触发控制需要同步电源，由于调节对象为交流侧的励磁电流，它本身的相位相对于端电压有一定的变化范围，因此，要求同步电源能在励磁电流相位变化时，保证有足够宽的触发脉冲移相范围。

直流侧分流只需一组可控硅元件，因为是直流侧调节励磁电流，所以触发脉冲的同步电源也较简单。但它也有特别要求，可控硅一旦被触发导通，自身无法关断，必须附加辅助关断电路。

半波分流型兼有上述两种形式的优点，既如同直流侧分流形式那样，只需一组可控硅元件，且同步电源较简单，又如同交流形式侧分流那样，可控硅能自然关断。

五、并联运行发电机机组的无功功率分配

发电机并联运行与单机运行时的情况不同：首先，电网电压（用汇流排电压表示）与各发电机端电压相等，因此每一台发电机的励磁电流的变化将影响整个电网的电压变化。另外，当负载要求的总无功功率不变时，还产生了各台发电机承担多少无功功率的问题。这个问题又可分为：(1)怎样分配才是合理的或是最佳的；(2)分配不符合要求时，怎样转移各台发电机承担的无功功率，使之趋于合理；(3)达到合理分配状态时，如何保持下去，即分配是否稳定。这些问题均与发电机的励磁调节系统有关。因为各台发电机的电势对应各自的励磁电流，当电网电压一定而各电势不同时，在发电机之间将形成环流，这种环流基本上是无功的，从而使各发电机承担的无功功率不一致，如图 3-33 所示。

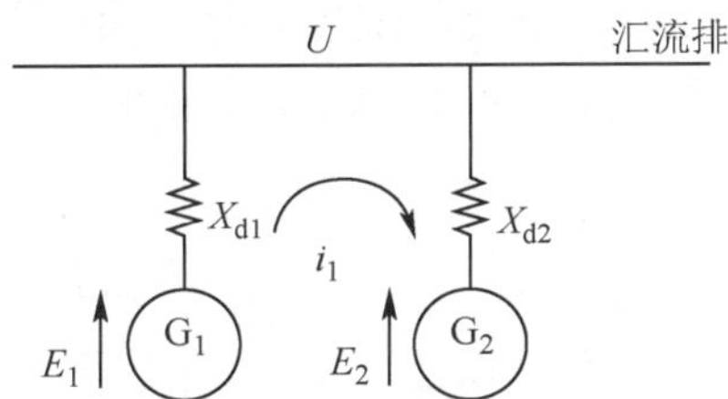

图 3-33 发电机并联工作时的环流

1. 无功功率的合理分配

《钢质海船入级规范》4.1.7.6 条规定：

“并联运行的各交流发电机组均应能稳定运行，且当负载在额定负载的 20% ~100% 范围内变化时”，各发电机组所承担的无功功率“与总无功负载按机组定额比例分配值之差，应不超过下列数值中的较小者：

“①最大机组额定无功功率的 ±10%；

“②最小机组额定无功功率的 ±25%。”

我国《钢质内河船舶建造规范》中也有类似的要求。

总之，规范要求无功功率按发电机额定功率比例进行分配。

2. 无功功率的转移

根据上述分析，电势不等，无功分配不均；电势相等，无功也就均匀分配。因此要使无功功率均匀分配必须调整电势。调整电势的方法就是调节励磁电流。请注意，现在调励磁电流不希望改变电网电压，因此在减少一台发电机励磁电流的同时，必须相应地增加另一台发电机的励磁电流。换言之，这种调整需要从两个方向上同时进行，单纯把电势大的发电机励磁电流调

小,或单纯把电势小的发电机励磁电流调大都是不行的。另外,因电网电压不变,自动励磁磁节装置是不会自动进行调整的,所以,转移无功的励磁调节是人为调节的或由附加装置自动调节。

3. 无功功率分配的稳定性讨论

当并联发电机间无功分配调整合理后,能否把合理的状态保持下去,这与自动励磁调节装置的性能有很大关系。为了讨论无功分配的稳定性,首先介绍几个有关概念。

(1)发电机的调压特性

发电机的调压特性表示发电机端电压与输出无功电流之间的关系,如图 3-34 所示。它与发电机外特性有些类似,即都是电压与电流的关系,在频率不变的情况下测得。但两种特性是不同的:外特性是在励磁电流不变的情况下获得的;而调压特性是在自动励磁电流调节装置起作用的情况下获得的。外特性的横坐标是负载电流,调压特性的横坐标是无功电流,即负载电流的无功分量。

(2)无差特性

无差特性是呈水平直线的调压特性,即当无功电流 I_Q 变化时,端电压变化 $\Delta U=0$ 的特性。当 I_Q 变化时,去磁的电枢反应变化必定引起端电压的变化(单机运行时),但 $\Delta U=0$ 说明自动励磁调整装置 AVR 在起作用,调节属可控类型。

(3)有差特性

有差特性是指当 I_Q 增大时 ΔU 也增大的调压特性。由于自动励磁调节装置的调节作用,ΔU 的变化虽存在,但比发电机的外特性上 ΔU 的变化要小得多。简化看,可认为有差特性是一根略向右倾斜的直线。

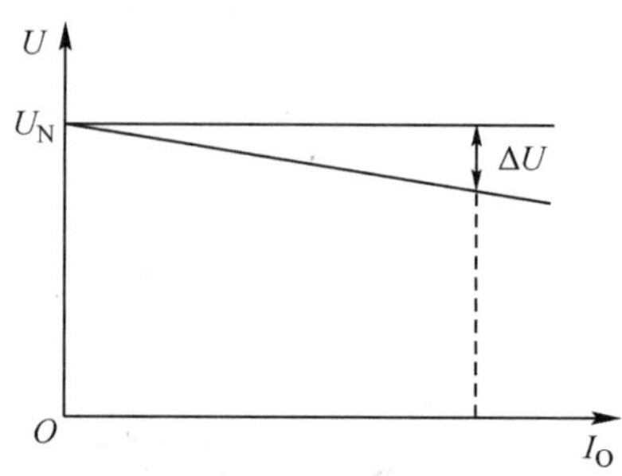

图 3-34　发电机的调压特性

(4)调差系数 K_C

K_C 是指调压特性下倾角的正切值,定义值不小于 0:

$$K_C=\frac{-\Delta U}{\Delta I_Q}$$

当把特性看作一根直线,且 U 和 I_Q 采用标幺值(per-unitsystem)时,K_C 表示发电机系统的静态电压调整率:

$$K_C=\tan\alpha=\frac{\dfrac{U_N-U_{min}}{U_N}}{\dfrac{I_{QN}-O}{I_{QN}}}=\frac{U_N-U_{min}}{U_N}$$

从上式可看出，无差特性的 $K_C=0$，有差特性的 $K_C>0$。

下面定性讨论 K_C 不同时，对两台发电机并联运行时的无功分配产生的影响。

(1) $K_{C1}>K_{C2}>0$

这种情况如图 3-35(a)所示。为表示清楚起见，把两台发电机的调压特性分别画在纵轴的两侧[图(b)、(c)、(d)画法相同]。由于 $K_C>0$，当无功负载增加时，电网电压下降。根据三角形相似关系可知，不同电压下，两台发电机承担的无功负载按比例分配，且分配围绕稳定。所谓稳定是指根据电压或总负载量可以确定特性上的唯一工作点。

(2) $K_{C1}=K_{C2}>0$

如图 3-35(b)所示，从图中可知两台发电机承担的无功负载是均匀分配的，且分配稳定。

(3) $K_{C1}>K_{C2}=0$

这种情况如图 3-35(c)所示。由于右边特性为无差特性，把电网电压箝定了。若有差特性的起点(空载状态)与无差特性重合，那么有差特性的发电机将不能承担无功负载。为了使它承担一定的无功功率，就需要把有差特性抬高。即使如此，由于电网电压一定，有差特性所承担的无功功率不能变化，而负载变化时，无功功率的全部变化量由无差特性的发电机承担。这种组合虽然能稳定分配，但分配是不成比例的。

(4) $K_{C1}=K_{C2}=0$

这种情况如图 3-35(d)所示。当两特性处于同一水平线时，无功功率的分配不成比例，且不能稳定分配，甚至分配会发生周期性变化，即形成振荡。

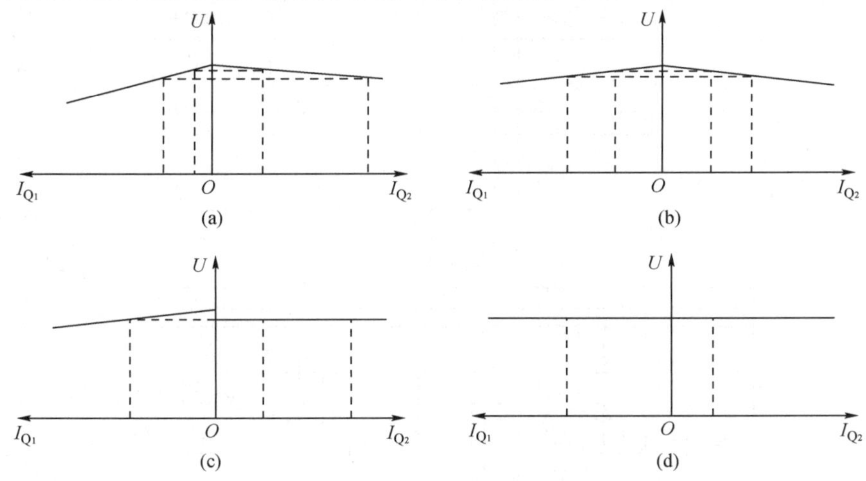

图 3-35　发电机的调压特性

六、均压线

为了保证并联运行机组无功功率分配均匀，必须合理分配励磁电流或调整励磁电流。对于相复励装置可以采用均压线来实现无功负载的合理分配。

1. 直流均压线

如图 3-36(a)所示，这是最简单和常用的方法，即将并联工作的发电机的励磁绕组并联，并联导线(称作均压线)截面可采用励进回路连接导线截面(当一台无励磁电压时，由另一台发电机供给两台机的励磁电流，此时均压线中就要流过50%的励磁电流）。两台发电机容量不同时，励磁绕组的工作电压也不一致，采用转子均压线接法时，可以接入一电位器W，将相同电位点并联（但将影响发电机的调压特性，需要按接入电位器的情况重新调节好）。

2. 交流均压线

这种连接方式是将并联发电机励磁系统的移相电器到相复励变压器的电压绕组的节点，各相对应地连接起来，如图3-36(b)所示。它主要用于不同功率的发电机并联工作的场合，因为在无功负载I发电机功率比例分配时各连接点的交流电压都相等。当相复励装置的系数设计没有满足电压绕组连接点的电压相等的条件（或不同型号相复励系数不同）时，可采用变压器拱合的方法，变压器的变比为两连接点电之比。

由图3-36可以看出，均压线接触器与主开关有连接。这是为使一台发电机工作时不负担两台发电机的励磁电流，否则将使工作发电机的端电压大大下降。而且均压线在主电路之后接通可以减小因电势差引起的冲击电流，因为先接通均压线时待并发电机的电势将比工作发电机（即电网）的电压高得多。

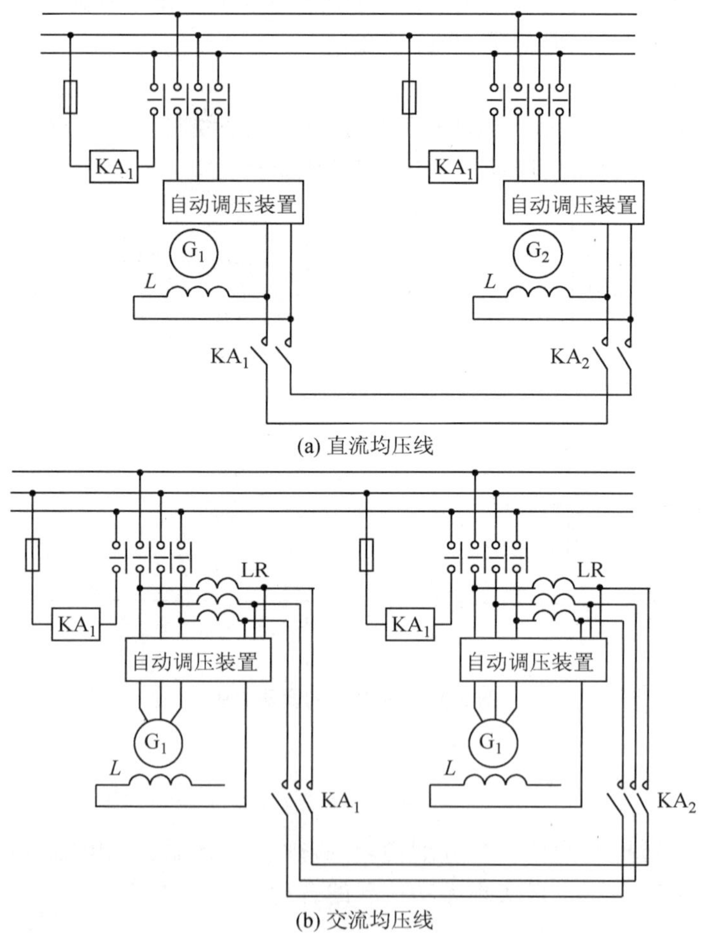

(a) 直流均压线

(b) 交流均压线

图3-36　均压线

3. 无功功率自动分配装置

对于励磁系统带有自动电压调整器的同步发电机需要进行并联工作时，必须装设无功功率自动分配装置，无功功率自动分配装置又叫调差装置、环流（横流）补偿装置、电流稳定线路等，其原理线路如图3-37所示。图中发电机的V相电流I经电流互感器对环流补偿电阻R供电。在R上产生的电压降U正比于V相电流，其相位也与I同相。发电机的线电压U_{uw}经变压器输出$\dot{U}_{CA}$，$\dot{U}_{CA}$与$\dot{U}_R$叠加后得$\dot{U}_o$，图3-37无功功率自动分配装置作用于自动电压调整器。这样的装置可按无功负载的大小调整发电机的励磁电流和电势，使无功电流按发电机容量比例均匀分配。为此在无功电流偏大时，将由于U_c的增大而使发电机的励磁电流减小，这与维持恒压的相复励作用正好相反，因而副电压变化率有一些影响。所以，并联工作的同步发电机的自动电压调整系统在动作的快速性、稳定性和电压变化率方面都有更高的要求。

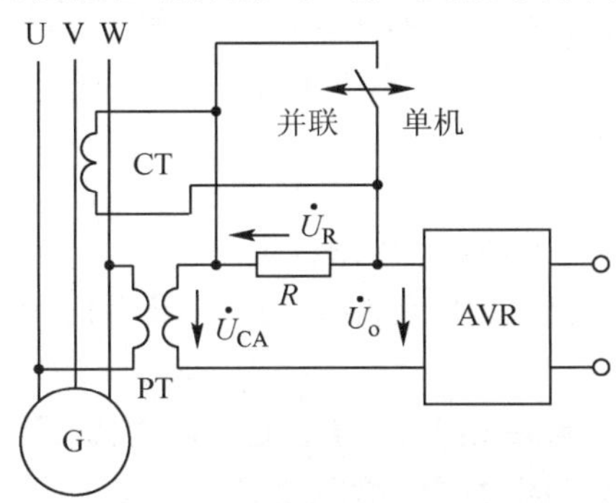

图3-37　无功功率自动分配装置原理线路

第八节　渔船应急电源系统

一、应急发电机与应急配电板功能、操作与管理要求

1. 应急电源

(1)设应急电源的条件

客船及总吨1000或500以上的货船都应设应急电源。

(2)作用

当主电源因故障不能继续正常供电时，立即向船舶一部分用以保证船舶安全的用电设备继续供电；其功率应充分供应上述设备的用电。

(3)组成

应急电源的组成为应急发电机组及应急配电板和应急蓄电池组及其充放电板或之一。

大应急发电机(组)，供电时间：国际航线的客船为36 h。

小应急为蓄电池组，供电时间为30 min。（小应急在大应急有故障时或起动过程中投入，用来保证最必需的用电设备不致断电。）

(4)应急电源供电范围

①航行灯及《国际海上避碰规则》规定的其他各种信号灯;

②白昼信号探照灯及无线电测向仪、无线电台(按国际航行要求);

③各通道、梯道出口处的应急照明,每个登艇处的应急照明,救生艇、筏,救生浮贮存处的照明;

④机舱主机操纵台、锅炉水位表、气压表、总配电盘前、应急发电机室、舵机等处的照明;

⑤驾驶室、海图室、无线电室、消防设备控制站的照明;

⑥船员、旅客公共舱室的照明;

⑦紧急集合报警装置;

⑧电动应急消防泵;

⑨固定式潜水舱底泵;

⑩无线电设备和通用报警器;

⑪舵机。

2. 应急发电机组的要求

(1)与主电源的联锁关系:主电源正常供电,应急电源不能投入;主电源失压,应急电源自动投入;小应急在大应急投入前投入(供无线电和应急照明),大应急投入后自动退出;主电源供电,大应急立即退出。

(2)应急配电盘由独立馈线经联络开关与主配电盘连接,应急电网平时由主配电盘供电。

(3)主电网失电,主配电盘与应急配电盘联络开关自动断开(先),应急发电机应在30 s内自动起动,主空气开关自动合闸(后)投入供电;主电网恢复供电,联络开关自动闭合。

二、船用蓄电池及其充、放电设备的维护保养

1. 蓄电池的结构和原理

船上使用的应急蓄电池有酸性(铅)蓄电池和碱性(铁镍、铬镍)蓄电池两种。船上一般采用酸性蓄电池,主要是因为其具有体积小、价格便宜、维护方便等优点。

蓄电池主要有如下用途:

①作为小应急电源(应急照明、航行灯)及内部通信电源;

②作为机舱巡回监视报警系统的备用控制电源;

③作为应急柴油发电机的起动电源;

④作为救生艇柴油机的起动电源;

⑤作为无线电收发报机的电源。

(1)酸性蓄电池的结构

酸性蓄电池主要由容器、极板、隔板三部分构成。容器的作用是存储电解液和支撑极板。极板分正极板和负极板两种。正极板是二氧化铅(PbO_2),负极板是海绵状铅(Pb),由此酸性蓄电池又常常叫作铅酸蓄电池;隔板使正、负两块极板互相绝缘,其上设有小孔,以利于电解液流通。

(2)酸性蓄电池的原理

酸性蓄电池是利用铅、二氧化铅和硫酸的化学反应来储存和释放电能的装置。当蓄电池

的正、负极板同时和硫酸溶液接触时,在正、负极之间即产生 2 V 左右的电动势,此时若外电路接通将产生放电电流。同时正极板和负极板与硫酸起化学反应,逐渐变成了硫酸铅($PbSO_4$)。当正、负极板都变成同样的硫酸铅后,蓄电池就不能再放电了,此时需要对蓄电池充电,使其恢复为原来的二氧化铅和铅。蓄电池的充电和放电是可逆的。

(阳极) (电解液) (阴极)

$PbO_2 + 2H_2SO_4 + Pb = PbSO_4 + 2H_2O + PbSO_4$ (放电反应)

(阳极) (电解液) (阴极)

$PbSO_4 + 2H_2O + PbSO_4 = PbO_2 + 2H_2SO_4 + Pb$ (充电反应)

一个充足了电的蓄电池,连续向外输出恒定的电流,从开始一直到放电终了,电流与放电时间的乘积叫作蓄电池的容量,单位为安时(Ah)。它用充足电的蓄电池放电到规定终了电压(一般为额定电压的90%)时所放出的能量来表示,以放电电流 I 与放电时间 t 的乘积描述,即

$$Q = I \times t(\mathrm{Ah})$$

酸性蓄电池通常以 10 h 的放电电流为标准放电电流(即经过 10 h 使蓄电池放完电的放电电流),因此,额定容量被定义为在电解液温度为 25 ℃,以 10 h 放电电流连续放电至终了电压时所输出的容量,如 200 Ah 容量的酸性蓄电池是指能以 20 A 的电流放电 10 h。

蓄电池的容量与放电电流的大小及电解液的温度有关,因此如果超过标准放电电流进行放电,不但会降低容量,而且会严重影响蓄电池的寿命。碱性蓄电池一般是以 8 h 作为标准放电电流。

(3)酸性蓄电池的电解液相对密度

蓄电池放电时会产生水,电解液相对密度降低;充电时生成硫酸,相对密度增加。根据这个原理,可以用比重计来测量电解液的相对密度,以此掌握蓄电池的充、放电情况。蓄电池的电动势与电解液相对密度有关,相对密度高,电动势也高。

充电完毕:电解液相对密度上升为 1.275 ~1.31;

放电完毕:电解液相对密度下降为 1.13 ~1.18。

测量相对密度时,须使用吸取式比重计将电解液缓缓吸入外筒,观察浮标的刻度即可测知相对密度。

铅蓄电池的电解液相对密度会随温度改变而变化,电解液相对密度以 20 ℃时的比重为标准,因此比重计上的读数,必须换算为 20 ℃时的标准相对密度。当温度变化 1 ℃时,则相对密度即变化 0.0007,因此,在测量相对密度的同时,必须测量温度。测温时,请使用棒状酒精温度计。

该温度 t(℃)时所测之相对密度为 S_t,则以下式换算标准温度 20℃时的相对密度 S_{20}:

$S_{20} = S_t + 0.0007(20 - t)$

S_{20}为换算成 20 ℃时的相对密度;S_t 为 t(℃)时所测之相对密度;

t 为测得电解液之实际摄氏温度。

例如:20 ℃时比重为 1.280,在 10 ℃时变成 1.273;在 30 ℃时变成 1.287。

(4)酸性蓄电池的电压

当蓄电池的正、负极板同时和硫酸溶液接触时,在正、负极之间即产生 2 V 左右的电动势。此时若外电路接通将产生放电电流,随着放电的继续,电动势随之下降。

放电完毕:电压降至 1.9 V,再放电很快降至 1.8 ~1.7 V。

充电完毕:电压升至2.6 V左右,并一直维持不变。

当蓄电池开始充电时,电压很快升高到2.1 V,然后逐步缓慢上升,直到2.3 V,再经过几小时,升高到2.6 V左右,并一直维持不变,而且正负极板附近剧烈冒出气泡,这时,蓄电池已经“充足”。放电时,蓄电池电压立即降低到2.0~1.95 V,然后逐步缓慢下降,到1.9 V后,很快就降到1.8~1.7 V,这时蓄电池已经“放完”,不可继续放电,否则会腐蚀铅板。

对于碱性蓄电池,充放电是否终了,主要根据电压判断。一般每个蓄电池电压上升到1.4~1.8 V时,而且继续充电1 h内不变,即认为充电终了。放电时,则每个蓄电池电压降低到规定的放电终止电压时,即认为放电终了。根据产品规格不同,放电终止电压一般在0.5~1.0 V范围内。

(5)酸性蓄电池的电解液配制

①酸性蓄电池的电解液为相对密度为1.285的稀硫酸。配置调整用酸性电解液的正确操作方法如下:戴橡胶手套和防护眼镜,选择盛放器皿,将浓硫酸(比重1.835~1.84)慢慢倒入蒸馏水中,再均匀搅拌。

②浓硫酸的吸水能力强,氧化能力强,使用时注意不要和人体或衣服等接触。

③浓硫酸在稀释过程中会放出热量使电解液温度升高,为防止损伤蓄电池,必须待温度降至30 ℃以下才允许注入蓄电池内。

④使用比重计测量电解液的相对密度,并在要求范围之内。

2.酸性蓄电池的使用与维护保养

(1)蓄电池的充电方法

蓄电池的充电种类分为初充电、正常充电和均衡充电。新的或长期库存的蓄电池必须经过初充电后才能投入使用。

蓄电池的充电方法主要有:

①恒压充电法:充电过程中充电电压始终保持不变,船上一般不采用。

②恒流充电法:充电过程中充电电流始终保持不变。

③分段恒流充电法:第一阶段充电电流调整在1/10额定容量值上进行充电,充电10 h左右,单个电池上升至2.4 V左右时(蓄电池可能会发出气泡),转入第二阶段充电;第二阶段充电电流应调整在1/20额定容量值上进行充电,充电3~5 h,调整电解液的比重,使其达到1.285左右;再充电1 h,至此即完成了整个充电,目前,多数船舶上都采用此法。

④浮充法:蓄电池直接和直流电源并联,电网向其他负载供电,同时也向蓄电池充电,一般用于直流发电机由主轴带动的小型船舶,如小型渔船等。

(2)蓄电池的过充电

蓄电池在使用过程中往往因长期充电不足,过放电或外部短路等原因使极板硫化,从而使充电电压和电解液的相对密度不易上升。为了使蓄电池良好运行,对下列情况必须进行过充电:

①蓄电池放电到极限电压以下;

②蓄电池放电后,停放1~2昼夜没有及时充电;

③蓄电池极板抽出过;

④以最大电流放电超过限度;

⑤电解液内混有杂质;

⑥个别电池极板硫化,充电时相对密度不易上升;

⑦通常对长期担负工作的蓄电池,每月至少进行一次过充电,对负载较轻的蓄电池,也应每 2 ~3 个月进行一次过充电。

3. 蓄电池维护的周期、内容与要求

(1)酸性蓄电池

①每 10 天要检查一次电压、电解液的相对密度及高度,并做好记录,如果低于规定值,应及时补充蒸馏水后进行充电,然后清洁表面;

②不经常使用的蓄电池,每月至少要检查一次,并进行补充电;

③蓄电池表面,每三个月进行一次彻底清洁。清洁时先用温水擦除接头处的氧化物,然后再涂上牛油或凡士林,防止氧化。

(2)碱性蓄电池

①每 15 天要检查一次电压、电解液相对密度及高度,并做好记录。如果低于规定值,应及时补充蒸馏水,进行充电,然后清洁表面;

②每 2 个月检查一次蓄电池螺丝塞和透气橡皮套管,如果弹性失效应换新;

③每 6 个月要彻底清洁一次蓄电池的外表面。如果有锈蚀,应用煤油擦光,再涂上一层无酸凡士林。

4. 蓄电池维护保养注意事项

①注意保持蓄电池表面及整体清洁,不要有油渍污垢在上面,决不允许在上面放置金属工具、物品,以防造成短路,损坏蓄电池。

②保持极柱、夹头和铁质提手等处的清洁,如出现电腐蚀或氧化物等应及时擦拭干净,以保证导电的可靠性。平时应将这些零件表面涂上凡士林,防止锈蚀。

③平时注意盖好注液孔的上盖,以防止船舶航行时电解液溢出,或海水进入到蓄电池里,必须保持气孔畅通。

④蓄电池放电终了,应及时按要求进行充电。

⑤蓄电池室内严禁烟火。

⑥碱性蓄电池充电时,不要取下气塞,以防进入大量碳酸气而使电解液失效,一般每年或使用过 50 ~100 次充放电循环,应更换一次电解液,要注意保持排气胶管畅通,定期打开气塞排气,防止气体聚集太多而造成蓄电池膨胀。

第九节　电站运行的安全保护

一、渔船发电机外部短路、过载、欠压和逆功率保护的原理

发电机是船舶中的重要设备,发电机不损坏是船舶安全航行的重要保证。针对发电机各种不正常运行和故障,必须装设相应的继电保护。

对船舶同步发电机采取的保护措施,必须要兼顾两个方面:一方面要保护发电机不受损

坏;另一方面要尽量保证不中断供电。

船舶低压同步发电机主要设有如下继电保护:

①外部短路的过电流保护;

②过载保护;

③欠压保护;

④逆功率保护。

同步发电机的不正常运行情况有:由于负荷超过发电机的额定值而形成的过载;由于外部短路、非同期合闸以及系统振荡等而引起的过电流;由于发电机电压及频率低于或高于其额定值而形成的欠压或过压及欠频或过频;在并联运行时,可能产生的逆功率状态等。

发电机本身的故障主要有:发电机定子绕组的相间短路、单相层间短路、单相接地;发电机转子绕组的匝间短路和转子绕组的一点或两点接地等。

1. 短路保护

短路故障所造成的后果是严重的。发生短路时,发电机定子绕组产生极大的短路电流,电网电压也急剧下降。

短路电流产生的热量和机械力比正常大一百倍以上,对发电机有巨大的破坏作用。电压的下降,会使电动机停转;甚至使发电机跳闸,导致全船停电。

处理发电机外部短路措施的原则:是既要保护发电机,又要保证不中断供电。

(1)发电机外部短路保护

为限制短路故障的破坏作用,必须装设继电保护装置,能在故障发生时,自动地切除故障部分,保证非故障部分可以正常运行。

对发电机外部短路故障的判断,由于短路电流很大,可利用这一特点来检测发电机的外部短路。

实现保护选择性有两个基本原则:时间原则和电流原则。

一般在船舶发电机的短路保护装置中,设有两套过电流保护装置。

第一套为带时限的外部过电流保护装置,又称短路短延时保护装置。如图 3-38 所示,MCB 和 ACB 是以时间原则来实现选择性的。

第二套为不带时限的电流速断保护装置,又称短路瞬时动作保护装置。如图 3-38 所示,MCB 和 ACB 是以电流原则来实现选择性的,并保证在靠近发电机端短路时,保护动作的快速性。

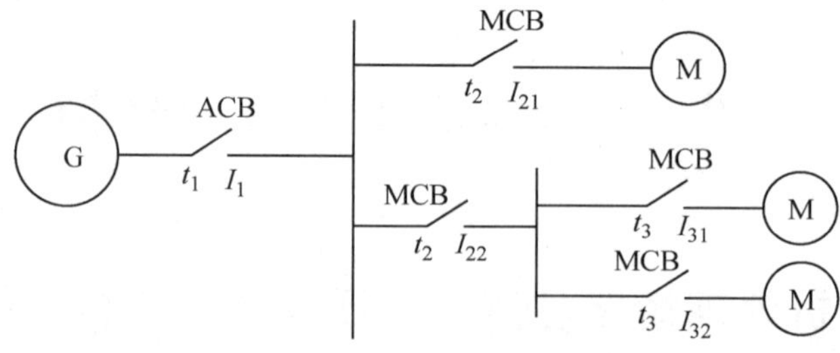

图 3-38　时间原则及电流原则

（2）发电机外部短路保护的整定

《钢质海船入级规范》规定：

①应设有短路短延时和短路瞬时动作保护。

②短路短延时保护的起动电流整定为3～5倍的发电机额定电流，动作时限整定为0.2～0.6 s；动作于发电机跳闸。

③短路瞬时保护的起动电流整定为5～10倍的发电机额定电流，瞬时动作于发电机跳闸。

2. 过载保护

处理发电机过载问题，要兼顾到两方面：一方面要保护发电机不受损坏；另一方面还要考虑到尽量保证不中断供电。

（1）发电机过载保护的要求

先从发电机本身允许的过电流方面看：因为发电机具有一定的过载能力，所以过载时，可以允许有一定的时限来进行保护，即可不要求立即跳闸。

（2）船舶同步发电机过载保护动作的整定值

对船舶发电机过载保护装置的起动电流和动作时限可做如下整定：

对于无自动分级卸载的发电机过载保护，当过载达125%～135%的额定值时，过载保护装置延时15～20 s动作，使发电机自动跳闸。对有自动分级卸载装置的发电机过载保护，当过载达110%～120%的额定值时，自动分级卸载装置延时5～10 s动作，自动卸去部分次要负载；当过载达150%额定值时，过载保护装置延时10～20 s动作，使发电机自动跳闸。

3. 欠压保护

发电机在欠压情况下运行，将引起电机电流增加，转矩下降，电机过热，绝缘损坏。

发电机欠压保护的任务就是当发电机低压时，保证发电机合不上闸或从电网上自动断开。

发电机欠压保护也是外部短路保护的后备保护，因短路时，必然出现欠压现象。

（1）《钢质海船入级规范》规范规定

①用于避免发电机不发电时的断路器应瞬时动作跳闸。

②当电压降低至额定电压的70%～35%时，经系统选择性的保护要求延时动作。

（2）整定时限

由于发电机的调压器具有性能良好的快速动作，在1.5 s之内可把暂时性的电压下降恢复到接近额定电压值的3%之内，故欠压保护动作时限的整定值应大于1.5 s，以躲开暂时性电压下降，一般欠压保护的整定时限为$t=(1.5\sim3)$s。

（3）实现

船舶发电机的欠压保护装置由万能式自动空气断路器中失压脱扣器或综合保护装置中的低电压继电器等实现。

我国《钢质海船入级规范》规定：对带时限的发电机欠压保护，当发电机端电压低于其额定电压值的70%～80%时，延时1.5～3 s动作；对不带时限的发电机欠压保护，当发电机端电压低于其额定电压的40%～75%时，瞬时动作。

4. 逆功率保护

（1）逆功率产生的原因

同步发电机的逆功率运行，是指该同步发电机不是发出有功功率，而是从电网吸收有功功率。

原因:当几台同步发电机并联运行时,若其中一台发电机的原动机工作失常;并车操作不当引起的逆功率。

(2)逆功率保护

当同步发电机变为同步电动机运行时,要从系统吸收有功功率,即其输出有功功率的方向发生了改变,这时保护装置就应该动作。

(3)逆功率保护起动值的整定

①原动机为柴油机时,逆功率整定值在发电机额定功率的4% ~15%间某一区域(典型区间为4% ~10%)。

②原动机为汽轮机时,逆功率整定值在发电机额定功率的1% ~6%间某一区域(典型区间为1% ~3%)。

③延时时间在2 ~10 s间整定(典型值为3 s)。

逆功率保护是由逆功率继电器来完成的,整定值是靠调整逆功率继电器的动作值来达到的。

二、渔船电网短路、过载保护的原理

1. 船舶电力网的短路保护

(1)装置式自动空气断路器DZ

在电路正常工作时,接通和断开电路。

在电路不正常运行和故障情况下,可自动断开电路,具有继电保护装置的作用。因此,它既是一种开关,又是保护电器。

保护类型有:

①热脱扣器(标作310,只用作过载保护);

②电磁脱扣器(标作320,只用作短路保护);

③复式脱扣器(标作330,可用作过载和短路保护)。

(2)熔断器

当电路发生异常时,熔断器熔断,断开电路,对其进行保护。

熔断器价格低廉,结构简单,使用方便,尺寸较小。

熔断器用作短路保护效果很好。由于熔断器的灵敏性和选择性比较差,所以其作为过载保护效果不好。

常用的熔断器有管型熔断器和螺旋式熔断器。

(3)原则

为了避免电网在短路时,造成大范围的停电。短路保护的设置最重要的是必须有较好的选择性。

(4)选择性的实现

①按时间原则整定保护的动作值;

②按电流原则整定保护的动作值;

③按时间和电流混合原则整定保护的动作值。

(5)保护装置

①装置式断路器(自动空气开关):大量使用这种自动空气开关;

②熔断器(负荷开关):目前较少使用;

③万能式断路器:较大的负载使用。

(6)通常短路保护的设置

在船舶电网中,在总配电板或应急配电板上,发电机的开关一般采用万能式自动空气断路器,设置短路保护,按短路电流延时0.2~0.6 s动作。在总配电板及分配电板上的馈电开关,一般选用装置式自动开关,按电流原则进行整定。

2. 船舶电力网的过载保护

船舶电力网通常可不设计专用的过载保护。但这并不意味着电力网不过载,而是电网过载由其他部分保护所包含代替。(馈线式电网的线路可分成三个部分。)

(1)发电机到主汇流排之间的电缆。这一段电缆的截面是按发电机额定容量来选择的,若其过载,即说明发电机过载。因此,电缆的这种过载可由发电机的过载保护装置实现保护。

(2)用电设备到分配电板之间的电缆,或用电设备直接到主配电板的这一段电缆。其截面是按用电设备的额定电流来选择的。因此这一段线路若过载,可由用电设备的过载保护装置实现保护。

(3)主配电板到分配电板之间的电缆。

三、电网绝缘监视系统的工作原理及参数的调整

1. 单相接地(图3-39)

作用:监视电网的绝缘(接地)。

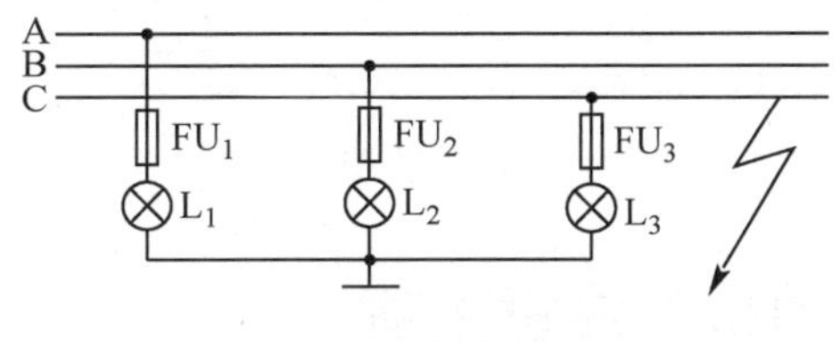

图3-39　单相接地

2. 绝缘监视

船舶电网和电气设备绝缘性能降低或损坏会造成漏电,是触电、火灾及电气设备损坏等事故的重要原因。通常绝缘监测有以下几种方法:

①指示灯法(图3-40);

②兆欧表法;

③电网绝缘监测仪法。

当电网正常时,A、B、C三灯构成对称负载,O点为人工中点。三灯亮度一样。

设A相接地,则A相短接,O点电位被拉到与A点接近,而B、C两灯电压上升到线电压。所以A灯暗下来或熄灭,而B、C灯特别亮。

当接地故障出现时,要分析出故障点。方法有:

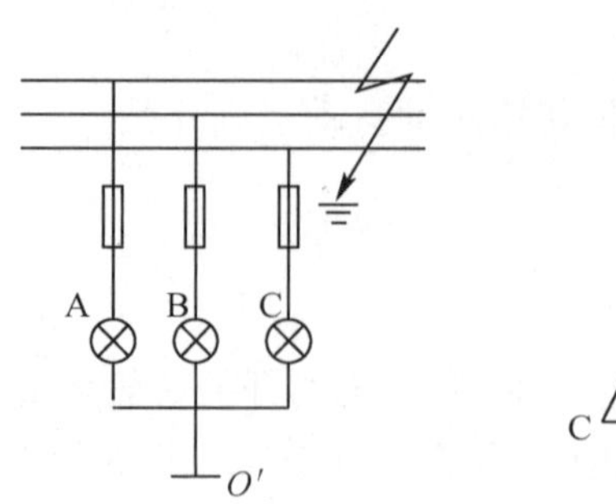

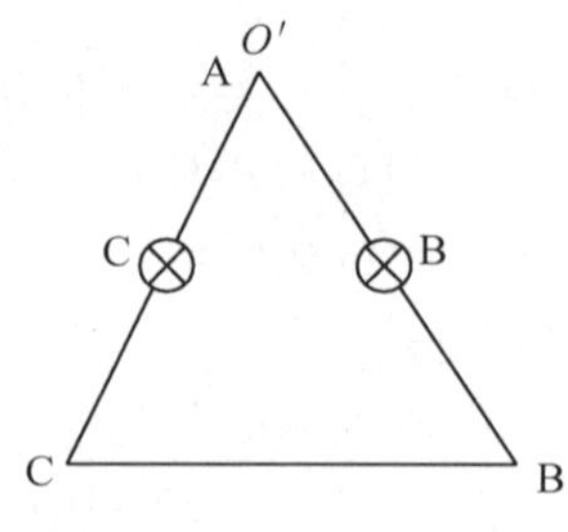

图 3-40　绝缘监视指示灯法

(1)检查是否有新安装电气设备,或有哪些薄弱环节;

(2)用分区断电的方法检查,查出是哪一区;

(3)用分线断电的方法检查,查出是哪一线;

(4)用电表对(已断电的)接地线路检查,查出是哪一段(故障点)。

电网对地绝缘电阻的检测,要求能带电进行。

这种兆欧表包含:表头(测量机构)和附加装置(整流电源)两部分。

电网绝缘下降时,即绝缘电阻下降,漏电流增大。如图 3-41 所示,漏电流从整流电源正端→接线柱 3→开关 K→电网→绝缘电阻→地→进入测量机构正端。

规范要求,电网的绝缘电阻不得低于 2 MΩ。

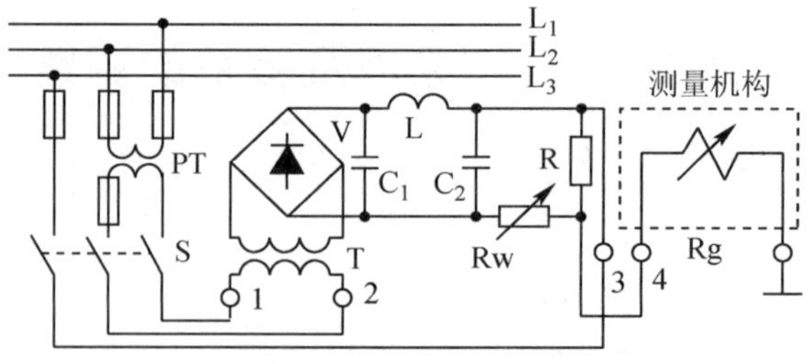

图 3-41　绝缘监视兆欧表法

四、渔船岸电接用的操作注意事项

(1)接岸电的作用:靠岸。

(2)接岸电的要求:电制、电压及频率、相序一致。

(3)保护装置:逆(负)序继电器——在逆序或断相时,逆序继电器动作,使岸电开关合不上闸,或断相对岸电开关跳闸。

第十节　渔船照明系统

一、渔船照明系统的分类和特点

1. 船舶照明系统分类

(1)主照明系统

主配电板上照明汇流排直接向各照明分电箱供电,然后再由照明分电箱供电向邻近的灯具供电。

(2)应急照明系统(大应急照明)

客船的应急照明时间大于 36 h,货船大于 18 h。

(3)临时应急照明(小应急照明)

能连续供电半小时以上。

(4)航行灯、信号灯系统

2. 船舶照明系统特点及要求

船舶照明系统(正常照明系统)分布在船舶内外各个生活和工作场所,为各舱室和工作场提供足够的照度。

特点:

(1)主配电板上照明汇流排直接向各照明分电箱供电,然后由照明分电箱向邻近舱室或区域的照明灯具供电;

(2)照明电压一般为交、直流 110 V 或 220 V;

(3)不同舱室和处所均有不同的照度要求;

(4)所有照明灯具均设有控制开关。

正常照明包括:

(1)舱室主照明,如顶灯的大部分;

(2)局部或辅助照明,如床灯、壁灯、盥洗灯等;

(3)装卸货强光照明;

(4)室内外走道半数以上的照明;

(5)各舱室必须备有的插座等。

二、渔船常用灯具、电光源及控制线路

1. 常用照明技术物理量和参数

照明的意义:安全生产、劳动效率、产品质量、劳动卫生等方面都要求良好的照明。船舶航行安全、工作和生活都需要照明。

常用物理量:光通量、发光强度、照度、亮度、显色性、闪烁效应、发光效率、电光源寿命。

注意:照度是射入,亮度则是射出。

物理量及其对应的单位:①光通量,流明(lm);②发光强度,坎德拉(cd);③照度,勒克斯(lx);④亮度:坎/平方米(cd/m^2)。

闪烁效应是指由于周期变化的电压电流,会使光通量发生周期性变化,人看被照物体时有闪烁感。

2. 应急照明系统(大应急照明)

船舶应急照明系统主要分布于机舱内重要处所、船员和旅客舱室、艇甲板及各人员通道。它在主配电板失电、主照明系统故障情况下作应急照明使用。

特点:

(1)应急发电机通过应急配电板及专用线路供电;

(2)照明电压与主照明系统相同;

(3)灯点较少,无照度要求;

(4)需要足够的用电量。

3. 临时应急照明(小应急照明)

在主照明和应急照明系统发生故障时,临时应急照明系统应能发挥作用。主要分布在驾驶室、船舶重要通道、扶梯口和机舱重要处所。

特点:

(1)它的灯点少,无照度要求,灯具涂以红漆标志;

(2)小应急照明由蓄电池组供电,与主、应急照明系统之间有电气联锁;

(3)馈线上不设开关;

(4)应能连续供电 30 min 以上。

4. 航行灯信号灯系统

航行灯由前桅灯、主桅灯、艉灯、左右舷灯和前后锚灯组成,用于船舶夜航和指示船舶的状态和相应位置。驾驶室设置专用的航行灯控制箱,由主配电板和应急配电板两路供电。航行灯泡一般为 60 W 的双丝白炽灯。每盏灯具都为双套,其中一个作备用,可在控制箱上切换。

信号灯一般采用两路电源供电,在驾驶室实现控制。为了适应某些国家的港口和狭小水通道的特殊要求,远洋船舶的信号灯设置比较复杂。这些信号灯通常安装在驾驶台顶上专设的信号桅或雷达桅上,按照规定十数盏(8 ~ 12 盏)红、绿、白等颜色的环照灯分成两行或三行安装。

电光源两大类:热辐射光源(白炽灯、卤钨灯);气体放电光源(荧光灯、高压汞灯、高压钠灯、金属卤化物灯、汞氙灯)。

(1)热辐射光源

工作原理:热辐射光源是用电能加热灯丝至白炽而发光。

(2)气体放电光源

工作原理:利用电场(高压)加速自由电子,使之撞击气体或金属蒸气原子电离,形成自持放电,电离后的原子能释放能量辐射光子。稳定放电后,应进行限流。

①荧光灯

特点:表面亮度低、表面温度低、光效高、寿命长、显色性较好、光通分布均匀;不能频繁开关,电压低时有跳光现象,过低则熄灭,如图 3-42 所示。

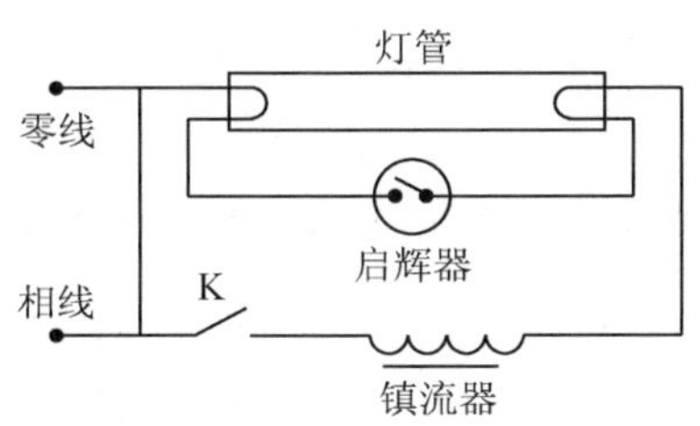

图 3-42　荧光灯工作原理图

②高压汞灯

原理:发紫外线光,经荧光物质变为可见光。工作温度高,泡内汞蒸气压力高,如图 3-43 所示。

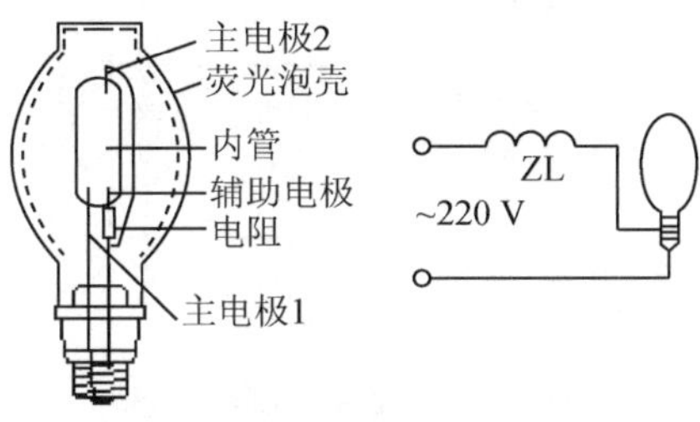

图 3-43　高压汞灯工作原理图

③高压钠灯

高压钠灯的启辉原理类似荧光灯。

结构:与高压汞灯相似,但无辅助电极,要求更高的起动电压。

特点:光效高、透雾性及光通维持性好、耐震,缺点及使用场合同高压汞灯,如图 3-44 所示。

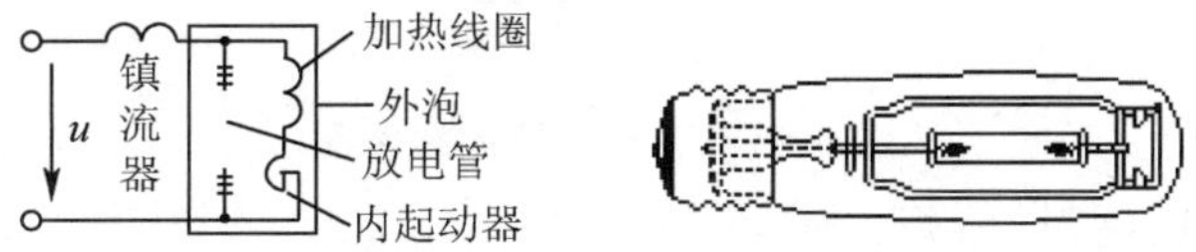

图 3-44　高压钠灯工作原理图

④金属卤化物灯(如图 3-45 所示):碘化金属(钠、铊、铟、镝等)

结构:与高压汞灯类似,但无荧光层。

特点:光效更高。

用途:大面积照明。

三个系列:钠 - 铊 - 镝灯;钪 - 钠灯;镝 - 钬灯。

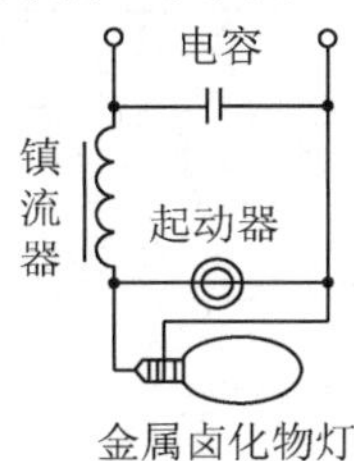

图 3-45　金属卤化物灯工作原理图

5. 船舶照明系统控制线路

(1)单联控制

用单个开关来控制照明灯的接通和断开,有单极和双极开关控制,如图 3-46 所示。

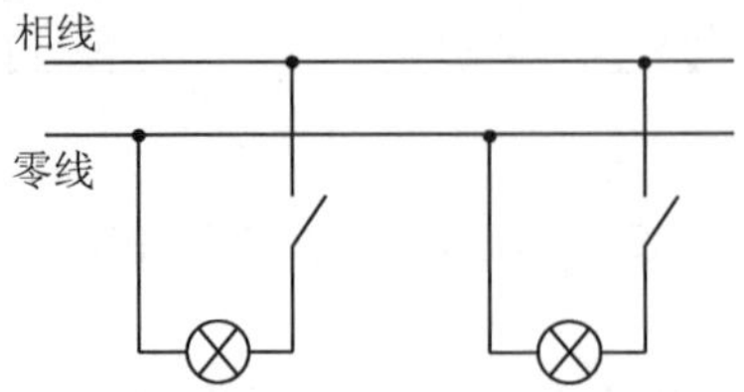

图 3-46　单联控制线路图

(2)双联控制(图 3-47)

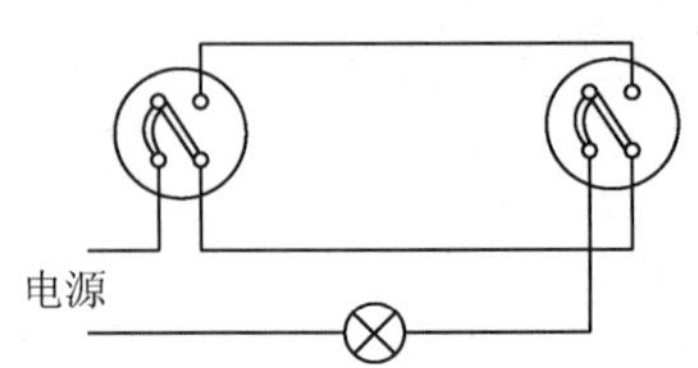

图 3-47　双联控制线路图

(3)荧光灯控制线路(图 3-48)

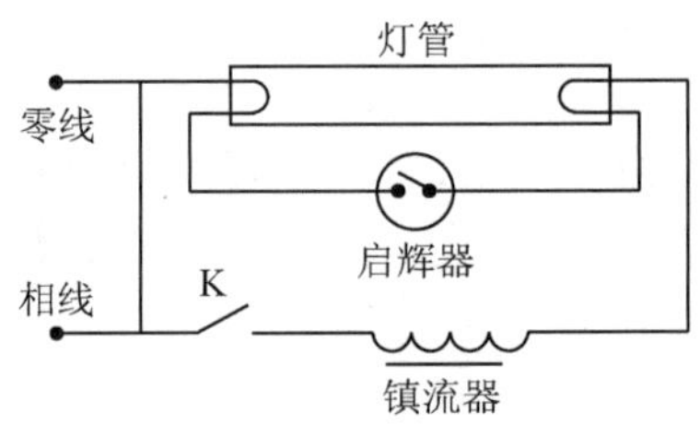

图 3-48　荧光灯控制线路图

航行灯:桅灯、舷灯、艉灯、锚灯。

①桅灯 2 盏;②舷灯 2 盏;③艉灯 1 盏;④锚灯 2 盏。桅灯和艉灯都为白色,左舷灯红色,右舷灯绿色。

航行灯的作用:便于识别船舶的位置、状态、类型、动态等。

信号灯:环照灯、闪光灯等用于通信联络及表明船舶状态的灯。

环照灯:可照射到四周的灯。

表 3-1　航行灯的控制表

名称	安装位置	数量	标志	使用
前/后桅灯	前桅/后桅	1/1	白色(225°),后桅灯高于前桅灯≥4.6m	航行
左/右舷灯	左舷/右舷	1/1	红色/绿色,各 112.5°	航行
艉灯	船尾或尽可能船尾	1	白色,135°	航行
前/后锚灯	船头/船尾	1/1	白色环照灯	停泊
失控灯	前桅或信号桅或雷达桅	2	红色环照灯,垂直上下安装	失去独立操纵能力
闪灯	信号桅或雷达桅	1	白色环照灯,闪光频率 120 次/分	过狭水道、转弯

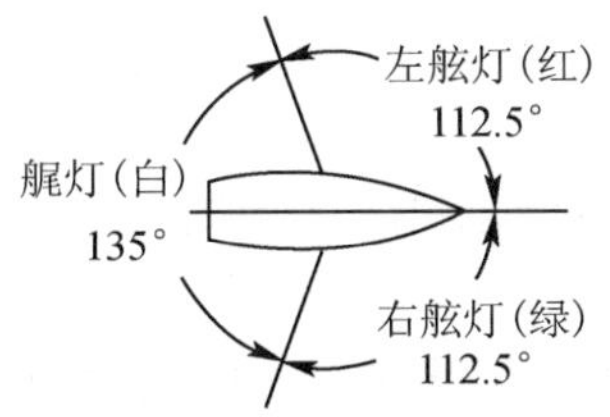

图 3-49　航行灯位置

三、渔船照明系统的常见故障检查

船舶照明系统的常见故障一般分为三类:

(1)短路故障

渔船照明系统的短路故障往往是线路受潮或绝缘受损造成的。这种故障的常见现象是:一通电,空气开关就跳开或熔断丝烧断。检查时,应先切断电源,将万用表置 $R\times1$ 挡,把两测量表棒置在线路两端(这时,因线路有短路,万用表指针指零);然后,将各并联支路开关逐个断开予以排除。当断开某一路开关,万用表电阻指示值明显增大时,说明该支路存在短路故障。

(2)接地故障

渔船照明系统的接地故障一般可用500 V 兆欧表进行检查。

照明线路的绝缘值应大于0.5 MΩ。当兆欧表测得的绝缘电阻值小于0.5 MΩ 或零,则说明线路受潮或绝缘老化导致对地绝缘电阻降低或对地短路。

(3)断路故障

渔船照明系统的断路故障表现在线路不通,灯泡不亮。其原因大多是线路被机械损伤,由于震动而造成的接线桩头处松脱,灯具开关接触不良或损坏。故障点的查找可采用“通电法”或“断电法”。

四、渔船照明系统的维护保养

1. 照明系统的维护周期和要求

对普通照明及可携式灯具应测量线路的绝缘电阻(正常情况下大于0.5 MΩ),检查灯头接线是否老化开断,对于室外灯具应检查其水密性能与锈蚀情况。凡有损坏的应及时更换,通常周期为每半年一次。

对应急照明,则每月进行一次效能试验,每半年测量一次绝缘电阻。

每次开航前,应检查航行灯信号灯的供电电源、灯具及故障报警装置,探照灯、运河灯在使用前应检查其电源、开关、连接电缆和灯具的水密性能及绝缘电阻情况。每一照明电路应设有过载和短路保护。

2. 船舶照明系统维护保养注意事项

(1)尽量避免带电更换灯泡。更换的灯泡应与电源电压一致,功率不能超过灯具允许的容量。

(2)在检修某些特殊部位,如辅锅炉内部、柴油机曲轴箱、压载舱室、储水柜等处所时,须用临时照明时,必须使用带有安全网罩的36 V以下的低压行灯。装卸易燃危险货物时,不可使用携带式货舱灯。

(3)应急照明灯具应涂以红漆标记,以示区别,经常检查灯泡是否良好,损坏的应及时更换。

(4)甲板、船桥等露天投光灯具。开灯前应先脱去帆布,用完要及时将帆布罩妥。

(5)室外水密插座。通电前先检查插头螺母是否旋紧,取出插头前检查电源是否切断,用毕后应旋紧防水盖。

(6)要考虑到供电线路和开关的载流量,各相电流分配是否平衡,并要配备好保护装置。

(7)对灯光诱鱼作业且使用气体放电灯的高压触发装置,应安装在专用舱室内,并具有良好的通风设施。

(8)鱼舱、冷藏鱼舱、渔获加工间、速冻间、消防设备控制站及其他类似舱室的照明开关不应设在室内。潮湿处所及有爆炸危险处所,其照明开关应能切断所有绝缘极。

(9)在有爆炸危险的处所内,应采用带有自给式蓄电池的本质安全型、增安型、隔爆型或正压型的可携灯具。可携式照明灯具不得使用电缆供电。

(10)鱼舱(包括冷藏鱼舱)内设置的固定照明。一般应设有专用的照明控制箱控制。控制箱应安装在鱼舱外的适当位置。每一鱼舱的照明应有独立分路。每一分路除设有能切断所有绝缘极的开关和熔断器外,还应装有电源接通指示灯。

第十一节　船舶自动化电站

一、概述

1. 一般对船舶电站自动控制系统的要求

(1)船舶电站的备用发电机组应能迅速(不超过45 s)自动起动并能投入电网供电(有两台机并联工作时,应能自动同步投入)。

(2)各发电机的主开关应能防止短路时的重复合闸。

(3)当电网电压、频率持续变低及负荷待续超过预定的最大值时,或运行机组发生故障时,在集控室的主、辅机控制台应发出警报,并发出起动指令,使备用发电机组迅速自动起动,自动投入电网供电。

(4)当船舶电站过载时,应能自动卸除次要负载。

(5)能自动起动的多台发电机组应装有程序起动系统或人工选择开关,程序起动系统在某机组起动失灵或不能合闸时,应能自动地将起动指令转移给另一台备用机组。

(6)船舶电站的自动控制或遥控失灵时,应能进行手动控制或就地控制。

(7)瞬态条件所反映的信号(如电动机的起动电流)不应使发电机组产生不必要的自动起动。

(8)在主配电板应能起动和停止发电机组、接通或切断跨接母线、控制两路独立供电电源的转换,并有测量及显示机组运行情况的仪表和报警设备,应能控制各电动机负载按程序起动,以免过大的冲击电流使主开关跳闸。

2. 大多数船舶电站可以实现的自动化操作

(1)自动起动任意一台发电机组。当柴油发电机处于停机状态时,而且发电机主开关也没有跳闸,如有令发电机组起动的信号时,该机就能自动起动。

(2)自动准同步并车。若电网上有机组供电,则机组自动起动成功后,将新起动的机组自动投入电网并联运行。

(3)自动恒频及有功功率自动分配。当两台机组并联运行时,自动调频调载装置与原动机调速器配合工作,使电网维持拟定频率,偏差不大于 0.25 Hz,并使两台机组承担的有功功率按机组容量成比例分配。

(4)欲使一台机解列时,自动装置应将其负载自动转移至运行发电机后,才接受跳闸指令实现自动解列。

(5)自动恒压及无功功率自动分担,无论单机还是并联运行。自动调整励磁装置总能使电网电压维持稳定,误差不大于 ±2.5%。同时能调整并联运行发电机的无功分配,使之合理分担。

(6)有自动分级卸载装置及按程序顺序起动装置。当电网负载超过额定负载时,可分一次或二次卸掉次要负载,当电网失电后又恢复供电时,有重要负载按顺序起动的自动装置。

(7)集控室设有监视仪表、信号指示灯、报警设备和人工控制按钮、复位按钮和转换开关等。

二、柴油机自动起停控制

船舶柴油副机可以有电动起动和压缩空气起动两种方式。电动起动一般用于应急发电机的原动机,主发电机组一般采用压缩空气起动,如图 3-50 所示。

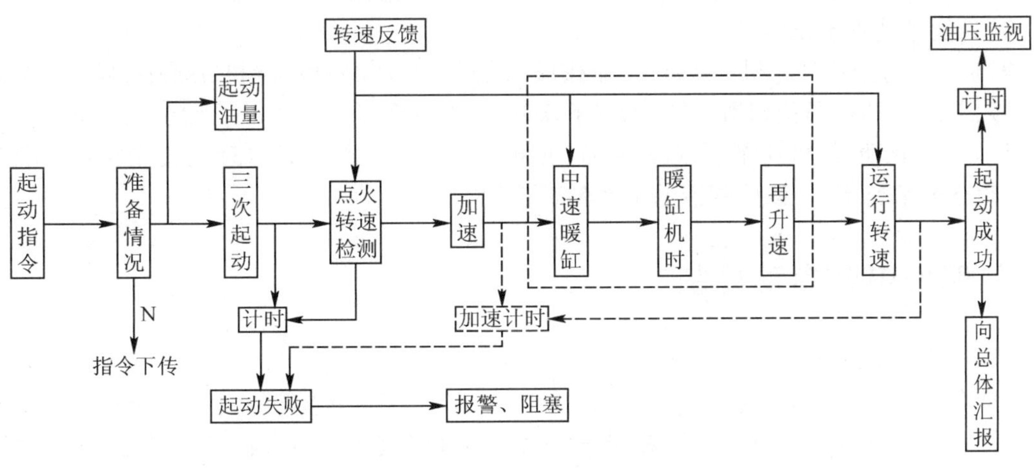

图 3-50　柴油机自动起停控制框图

从柴油机开始起动到在额定转速下工作需要注意以下几个问题：

1. 起动前的预润滑

自动控制预润滑有周期性自动预润滑和一次性注入式预润滑两种方式。

2. 起动时燃油的控制

柴油机的喷油量是由调速器和控制手柄控制的。起动时，调速器尚未正常工作，这时的燃油量可用手柄来限制。

3. 暖缸

在自动电站中，通常是将各台柴油机的冷却淡水管系连成一个整体，运行机组的冷却水(约 65 ℃)也循环于备用机的冷却系统中，使备用机组处于预热状况。当备用机组起动成功后到额定转速运行，可以较快地加速(甚至无须暖缸)，直到以额定转速运行。

4. 停机

不同形式的机器可能有不同的要求。突然停机对某些机器而言是不能承受的，它要求在中速下先运行一段时间(一般要求为 180 s)，待温度逐渐降低，然后才允许断油停机。

柴油发电机组自动起动和停机控制应包括以下功能：

(1)应有“自动”“机旁”“遥控”操作方式的转换并能满足“机旁”优先于“遥控”，“遥控”优先于“自动”的顺序。

(2)对自动起动的各种准备工作设置逻辑判断和监视。

(3)接到起动指令时能自动起动柴油机。当转速和滑油压力达到规定值时，能发出起动成功信号。

(4)一个起动指令，可以允许三次起动。若三次失败，应给出起动失败信号，并向总体逻辑控制单元汇报“起动失败”，以便由“总体”判断采取其他措施。

(5)适当控制起动时的给油量；柴油机发火后，应切断起动动力源。

(6)“中速运行”和“加速”控制。

(7)当转速上升到额定值的 90% 时，即可认为整个起动加速程序完成了，应自动切断本机的预润滑系统，并经适当延时(几十秒)以后，接入本机的滑油压力监视。

(8)具有超速保护功能。

(9)运行机组接到“停机”指令后，即按应有的程序自动停机，停机完成后，发出“停机成功”信号，并应自动接通预润滑系统，做好下次起动的准备。

(10)自动起动、停机控制器，最好具备“模拟试验”功能，使运行管理人员能在不影响柴油机原始状态的情况下，校核控制器的工作是否正常。

三、船舶电站自动控制

1. 总体控制功能

在具有要求多台机组并联供电的电站中，若要满足“无人机舱”的要求，实现电站自动化，必须将各个自动环节有机地联系起来，组成一个总体控制系统，用来收集来自各台柴油机、发电机、断路器、汇流排以及各主要负载的必要的信息及参数，加以分析、判断。在一定的条件下，自动地采取符合逻辑的措施，以处理电站运行中可能出现的各种情况，确保电力系统安全可靠、经济地运行，如图 3-51 所示。

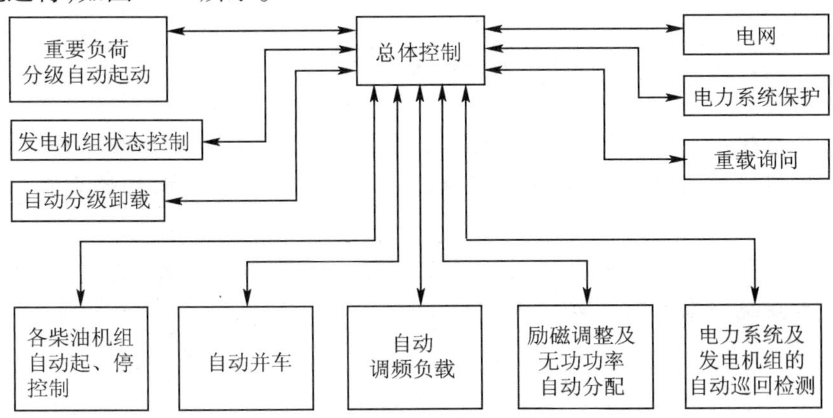

图 3-51　总体控制功能框图

2. 电站自动控制装置

它主要由 8098 单片机、可编程电路、信号检测处理单元、驱动单元、保护单元、指示单元以及信号输入输出接口电路等组成，如图 3-52 所示。

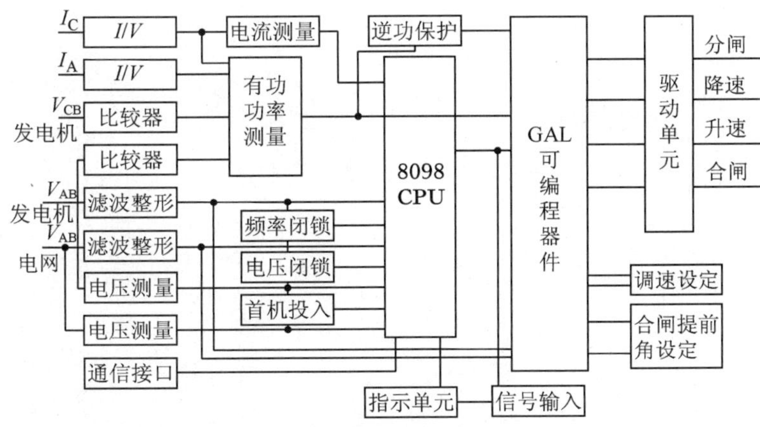

图 3-52　电站自动控制装置

电站自动控制装置在计算机软件系统的控制下实现以下主要功能：

(1)控制交流发电机首机投入；

(2)自动并车；

(3)自动调频调载；

(4)自动解列；

(5)保护功能；

(6)参数测量；

(7)联锁功能。

本章思考题

1. 什么是电枢反应？有几种典型的电枢反应效应？其都在什么条件下发生？

2. 如何根据不同性质的负载调节励磁电流，才能保持同步发电机的电压不随负载变化而变？

3. 单独改变两并联同步发电机之一的励磁电流，将会引起什么变化？

4. 船舶电力系统的基本组成包括什么？

第四章　安全用电

第一节　渔船安全用电常识

一、触电的类型

人体触及带电体，受到较高电压及较大电流作用，引起人体局部受损或死亡的现象叫触电。

触电按电流通过人体后产生的伤害程度的不同，可分为电伤和电击两种。

常见的触电类型一般可分为以下三种：

（1）双线触电

人体同时触及两相电压，此时人体承受较高的线电压，且通过内脏，危险性最大［见图4-1（a）］。

（2）中性点接地的三相四线系统中单相触电

电流通过人体、船体和中性接地点形成闭合闭路。此时人体只承受相电压，危险性仍较大，但相对双线触电要小些［见图4-1（b）］。

（3）电源中性点不接地的系统中单相触电

此时人体电阻与另两相的绝缘电阻串联后接于线电压，其危险程度主要取决于对地绝缘电阻和人体电阻的大小［见图4-1（c）］。

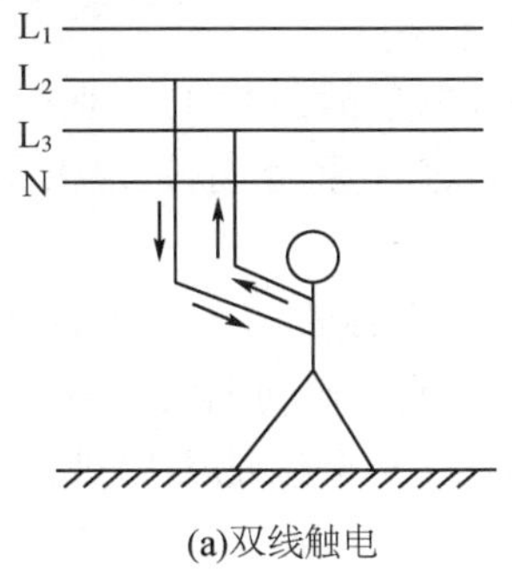

(a)双线触电

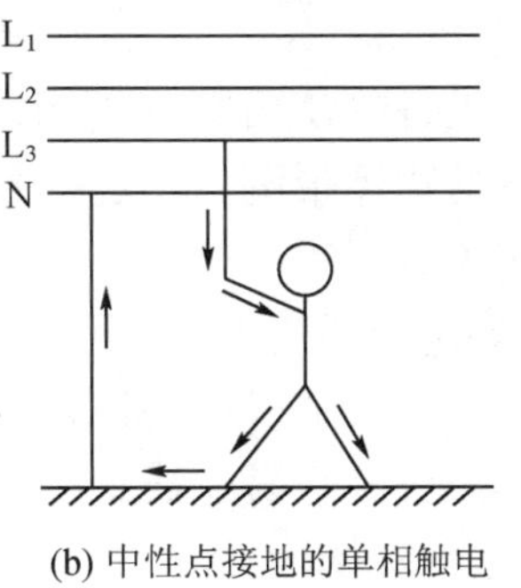

(b) 中性点接地的单相触电

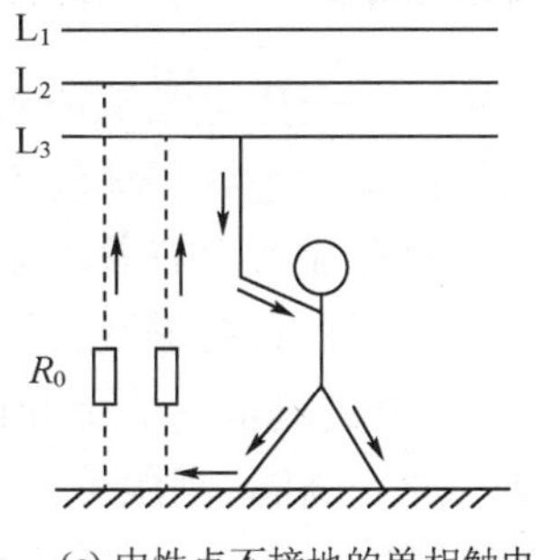

(c) 中性点不接地的单相触电

图4-1　触电类型

二、触电原因及预防

1. 引起触电的原因

(1)思想麻痹,违反操作规程或误操作而触电。

(2)电线或电缆的绝缘层老化或机械碰伤,使绝缘层损坏,人体不慎碰到带电导体而触电。

(3)雨天或电气设备溅上(或浸过)海水,使电气设备绝缘性降低漏电,造成触电事故。

(4)电气设备的保护接地或保护接零装置损坏。

2. 触电预防

(1)严格遵守安全操作规程,强化安全意识。

(2)做好设备的维修保养,保持设备绝缘良好及接地保护装置完好。

(3)遇到绝缘损坏及时处理,使之符合安全要求,防止事故扩大。

(4)线路中还可安装漏电保护报警装置,防止因漏电引起触电事故,以及监视或消除一相接地故障。该装置的原理是当设备漏电后,将引起零序电流和对地电压异常信号,由检测机构获得异常信号经放大后,执行机构动作。

3. 触电事故的预防及急救

(1)触电事故的预防

①加强安全用电教育,严格操作规程。一般情况下禁止带电检修,不得已时应采取可靠的安全措施。使用非安全电压便携式电气设备前,必须仔细检查其电缆、插头等的绝缘状态,特别是安全接地芯线容易折断而不易觉察。

②电气设备必须有可靠的安全接地或接零;经常检查、维护电气设备的接地和接零。

(2)触电急救注意事项

①就近拉断电源开关或熔断器,或用干燥不导电的衣物器具使触电者迅速脱离电源。

②将触电者置于通风温暖的处所,对呼吸微弱或已停止呼吸的触电者实施人工呼吸或心脏按压抢救。只要触电者没有明显的死亡症状,就应坚持抢救。

三、船舶安全用电规则

由于缺乏安全用电常识或对电气设备的使用管理不当,是触电事故发生的主观原因。在客观上电气设备的绝缘损坏使不带电的物体带电,是发生触电的客观原因,也是最大的隐患;而环境条件对造成触电有着重要影响。

人体任何两点直接触及(或通过导电介质连通)不同电位的带电体都可能发生触电事故。钢质船舶,整个建筑是一个良导体,且空间狭窄,设备密布,人体经常碰触到电气设备的金属壳体或构架。加之高温、潮湿等恶劣环境条件,容易造成绝缘损坏,或安全接地因腐蚀或锈蚀而失去保护作用等。因此,船舶属于触电危险场所。

1. 人体触电电流及安全电压

触电对人体伤害的程度与通过人体电流的大小、种类、路径和持续时间有关。通过人体电流的大小取决于人体两点的接触电压和人体电阻。人体总电阻是皮肤角质层电阻和体内电阻之和。皮质电阻为 40 ~ 100 kΩ,而体内电阻仅为 600 ~ 800 Ω,但皮肤潮湿、不洁净或有伤口时,皮质电阻可下降到 1 kΩ 左右。因此人体电阻不是固定的常数,而且实际触电时的人体电阻和电流还与人体的触电部位、接触面积和接触紧密程度等有关。通常有两种触电情况:一种是接触单相对地电压,另一种是同时接触两相电压(即线电压)。对于三相绝缘系统后者的危险性更大。

危险的触电电流通过人体,首先是使肌肉突然收缩,使触电者无法摆脱带电体,以致麻痹中枢神经,导致呼吸或心脏跳动停止。通过人体 0.6 ~ 1.5 mA 的交流电流时开始有感觉;8 ~ 10 mA 时手已较难摆脱带电体;几十毫安通过呼吸中枢或几十微安直接通过心脏均可致死。因此电流通过人体的路径不同,其伤害程度不同。手和脚间或双手之间触电最为危险。

所谓安全电压是指对人体不产生严重影响的接触电压。根据触电时人体和环境状态的不同,其安全电压的界限值不同。

国际上通用的可允许接触的安全电压分为三种情况:(1)人体大部分浸于水中的状态。其安全电压小于 2.5 V;(2)人体显著淋湿或人体一部分经常接触到电气设备的金属外壳或构造物的状态,其安全电压小于 25 V;(3)除以上两种以外的情况,对人体加有接触电压后,危险性高的接触状态,其安全电压小于 50 V。

我国则是根据发生触电危险的环境条件将安全电压分为三种类别,其界限值分别为:

(1)特别危险(潮湿、有腐蚀性蒸气或游离物等)的建筑物中,为 12 V;

(2)高度危险(潮湿、有导电粉末、炎热高温、金属品较多)的建筑物中,为 36 V;

(3)没有高度危险(干燥、无导电粉末、非导电地板、金属品不多等)的建筑物,为 65 V。

可见"安全"电压是相对的,在某种状态或环境下是安全的,当状态或环境发生变化时就可能是危险的。特别是触电作用时间是触电安全的重要因素,即使是可摆脱的电流,若在 20 ~ 30 s 内未能摆脱,也会由于电流的热效应、化学效应等使人体发汗,电阻下降,以及一系列的病理变化,造成伤亡事故。

2. 电气操作时的安全注意事项

(1)工作服穿戴整齐,袖口扣好,必要时扎紧裤脚,不应把手表、钥匙等金属带在身边;工作时应穿着胶底安全鞋(注:不能穿防静电工作鞋)。检查自己用的工具是否完备和良好,如各种钳柄的绝缘、行灯、手柄、护罩等,如发现有缺少,应及时更换。

(2)修理任何线路或线路上的电器时,关闭电源,并挂上警告牌。修理完毕后,通电前应先查看一下线路有无其他人在工作,确认无人后,方可供电;必须带电操作时要有专人看护。

(3)电气器具的电线、插头必须完好。插头应与所用插座相吻合,无插头的移动电器不准使用。36 V 以上的电气设备应备有接地触头的插头,以便连接保护接地线或接中线。

(4)不要先开启开关后连接电源(指手提电器)。禁止用湿手或在潮湿的地方使用电器或开启开关。

第二节　渔船电气火灾的预防

一、引起电气火灾的原因

船舶电气火灾的原因主要是:电气设备的绝缘下降或损坏,电气线路发生短路、接地等故障引起的火花;电气设备长期过载、超负荷工作,温升超过允许值,甚至燃烧;继电器、接触器通断情况不良,灭弧不好;直流电机换向不好,换向火花过大;导体或电缆连接点松动,接触不好,引起局部发热甚至燃烧。

虽然造成电气火灾的原因有很多,但归纳起来主要有以下几方面:

(1)导体连接处固定螺丝松动或其他原因引起接触电阻大,造成局部发热。

(2)电气设备(特别是插座)溅上海水,形成短路或接地,在短路点或接地点局部发热。

(3)电气设备或电缆长期超负荷工作,温升过高而烧毁。

(4)电压过高或过低,使电机或电器线圈过热。

(5)电气设备在故障下(如电机绕组局部短路、接地或由电源单相等)运行,引起设备发热烧毁。

(6)其他原因引起的电气设备绝缘强度下降或绝缘破坏,通电时发生短路、接地等故障,而引起局部过热。

(7)可燃物(气体、液体或固体)遇到电器开关设备的通断产生的电弧或火花,静电放电火花及遇到上述各种热源。

(8)乱拉、乱接电源线,照明线路接用电炉,造成线路过载或短路。

二、电气设备防火要求

电气设备的防火要求主要有:经常检查电气线路及设备的绝缘电阻,发现接地、短路等故障时要及时排除;电气线路和设备的载流量必须控制在额定范围内;严格按施工要求,保证电气设备的安装质量;按环境条件选择电气设备,易燃易爆场所要使用防爆电器;电缆及导线连接处要牢靠,防止松动脱落。

为防止电气火灾的发生,在平时需注意以下事项:

(1)电气设备的负荷量在额定值以下,不得长期超载运行。电压、工作制以及使用环境应符合铭牌要求。

(2)电气设备的安装质量必须符合要求。

(3)严格按环境条件选择电气设备。

(4)防止机械碰伤损坏绝缘。

(5)导体连接牢靠,防止松动。

(6)按要求定期测量绝缘电阻,发现绝缘电阻过低时,应查明原因及时处理。

(7)注意日常维护、保养和清洁工作。防止海水溅到电器上,还应注意水密电器的水密检查。

(8)及时排除电器故障。

(9)易燃、易爆场所应使用防爆电气设备。

三、电气火灾

电气着火,通常应采取如下措施灭火:

(1)迅速切断着火设备的电源,但应注意控制范围越小越好。

(2)使用适当的灭火剂灭火。适用电气火灾的灭火剂主要有二氧化碳、干粉等。

二氧化碳是一种非导体,它干燥且没有腐蚀性,而且灭火后不留渣滓,不伤害设备,是一种良好的电气灭火材料。灭火时,它由液态迅速地膨胀成气态,吸收大量的热量,同时因其相对密度比空气大而覆盖在燃烧物表面,达到隔离空气、稀释氧气、使火窒息的目的。使用时,注意不能与水或蒸汽一起使用,否则会大大降低灭火性能。

干粉本身无毒,不腐蚀,不导电。灭火时依靠压缩气体的压力,将干粉以雾状喷射到燃烧物表面,形成燃烧的隔离层,稀释燃烧区的含氧量。干粉灭火迅速,效果好,但成本高,一般仅用于小面积灭火。

第三节　渔船电气设备的船用条件及船检规定

船舶电气设备的工作环境有其特殊性,航行工况中的风浪、海水、盐雾、霉菌等直接危害设备的电气绝缘。航行环境的剧烈变化,船舶的振动、颠簸、摇摆也直接影响到电气设备的正常运行。要求船舶电气设备能在相对空气湿度为95%的情况下正常工作,电机绕组及其他要求绝缘的部件,必须经防潮、防霉、防盐雾,即三防处理,同时还必须耐油。电机绕组的冷态绝缘电阻不应低于5 MΩ,热态绝缘电阻应不低于1 MΩ。

对于无限航区的船舶,露天甲板安装的电气设备应在-25~45 ℃温度范围内能有效地工作。船舶电气设备的电气性能,在电网电压变化从(+6%~-10%)额定值,频率变化为±5%额定值时应能可靠工作。

船舶电气设备、开关设备、电器及电子设备,在船舶长期22.5°横摇、横倾和10°纵摇、纵倾的情况下,应能保证正常工作,故船用电气设备在结构上、技术条件上和安装方式上要能适应这种条件。例如,电机轴端游隙要小,应采用轴向直立安装或沿船舶纵向卧式安装。

如果某些设备没有专门的船用电气产品,则可考虑采用经三防(防湿热、防盐雾、防霉菌)处理过的陆用产品代替,但须征得有关船级社的认可。

电气设备的外壳防护形式,采用何种防护等级,是由电气设备的安装位置决定,应符合IEC 29号出版物《外壳防护等级分类》或与其等效的国家标准的规定。表示防护等级的标志由特征字母IP及后面加两位数字组成。特征数字表示防护等级规定,IP后面第一位数字表示防外部固体侵入等级,第二位数字表示防水液侵入等级。

第四节　渔船电缆安全使用与维护

一、电气线路安装

在爆炸危险环境中，电气线路安装位置的选择、敷设方式的选择、导体材质的选择、连接方法的选择等均应根据环境的危险等级进行。

1. 电线路位置选择

应当在爆炸危险性较小或距离释放源较远的位置敷设电气线路。当爆炸危险气体或蒸气比空气重时，电气线路应在高处敷设，电缆则直接埋地敷设或在电缆沟中充砂敷设；当爆炸危险气体或蒸气比空气轻时，电气线路宜敷设在低处，电缆则采取电缆沟敷设。10 kV 及 10 kV 以下的架空线路不得跨越爆炸危险环境；当架空线路与爆炸危险环境邻近时，其间距离不得小于杆塔高度的 1.5 倍。

2. 线路敷设方式选择

爆炸危险环境中电气线路主要有防爆钢管配线和电缆配线。

3. 隔离密封

敷设电气线路的沟道以及保护管、电缆或钢管在穿过爆炸危险环境等级不同的区域之间的隔墙或楼板时，应用非燃性材料严密堵塞。

4. 导线材料选择

爆炸危险环境危险等级 1 区的范围内，配电线路应用铜芯导线或电缆。在有剧烈振动处应选用多股铜芯软线或多股铜芯电缆。煤矿井下不得采用铝芯电力电缆。爆炸危险环境危险等级 2 区的范围内，电力线路也采用截面积 4 mm^2 及以上的铝芯导线或电缆，照明线路可采用截面积 2.5 mm^2 及上的铝芯导线或电缆。

5. 允许载流量

1 区、2 区绝缘导线截面和电缆截面的选择，导体允许载流量不应小于熔断器熔体额定电流和断路器长延时过电流脱扣器整定电流的 1.25 倍。引向低压笼型感应电动机支线的允许载流量不应小于电动机额定电流的 1.25 倍。

6. 电气线路的连接

1 区和 2 区的电气线路的中间接头必须在与该危险环境相适应的防爆型的接线盒或接头盒附近的内部。1 区宜采用隔爆型接线盒、2 区可采用增安型接线盒。2 区的电气线路若选用铝芯电缆或导线时，必须有可靠的用铜铝过渡接头。

二、电缆的选择

1. 电缆牌号的选择

根据使用的要求，电缆牌号根据电缆的用途、敷设位置环境（潮湿、屏蔽、防爆等）和工作条件（固定或是移动设备）选择。

2. 电缆截面的选择

根据用电设备的工作制、电流种类、电缆芯数和负载功率，确定通过电缆中的实际负载电流（计算电流）。按电缆中实际负载电流应以小于电缆允许的载流量为原则来选择电缆截面。对于短时和重复短时负载用的电缆其允许载流量要乘以大于1的适当修正系数(1.1～1.8)。这些数据都可通过查阅船用电缆最大安全载流量及载流系数表来获得。

三、电缆的检修和更换

经常检查电气设备电缆有无损坏，特别是露天甲板和潮湿腐蚀性较大场所的设备和大功率照明器等的电缆，若局部损坏则局部修复，若无法修复则更换电缆。

（1）若外部金属屏蔽层局部严重锈烂破损，或接地辫子线或接地线锈蚀损坏，则割掉损坏的一段屏蔽层，换上一段新的同样的金属屏蔽外套，绑扎好并按原样恢复接地。有利用金属外套末端作成一定长度的辫子线接地的，或利用金属外套与填料函螺母压盖紧密接触实现接地，或将接地线用导电胶与金属外套胶结，或用电缆外皮与固定电缆的紧钩、卡线板紧密接触等接地方式。

（2）若电缆进线护套绝缘层或芯线绝缘层局部干缩、脆裂、发黏或破损，也采用局部修复。如果进线有充足余量，则可剪掉损坏部分，重新进入设备；若无余量，可剥去损坏的绝缘层，然后在芯线上包两层黄蜡绸，再套上玻璃丝质绝缘套管等。

（3）检查绝缘电阻的方法：将被检测电缆的电源开关以及电缆与设备的接线端均断开，用500 V（弱电电缆用100 V）手摇兆欧表检查电缆芯线间和芯线对地的绝缘电阻。在同样不带电的条件下，用万用表欧姆挡检查电缆断路和芯线间或芯线对地的短路。检查断路也可利用金属地（船体）作为一根回线。对于电缆本身绝缘并未老化，而由于插座或用电器的受潮或进水出现绝缘下降或短路，但经电吹风热烘驱潮后即可恢复正常。露天甲板的密封插座盖未盖或未盖好，就会出现这种情况，所以在检查时应注意这种情况。

更换长的线路电缆的工艺比较复杂，电缆敷设、电缆紧固件拆卸和恢复、进线填料函的密封处理、电缆的接头及其标志号码的处理、金属外套的接地处理等，不同情况有不同的处理方法，一般是按原样处理。

第五节　渔船电气设备接地的意义和要求

接地电气设备的金属外壳、构架或电缆的护套同船体做永久性良好连接。

一、保护接地

壳罩、构架与地可靠的金属连接(可消除或减小流过人体电流),如图 4-2 所示。

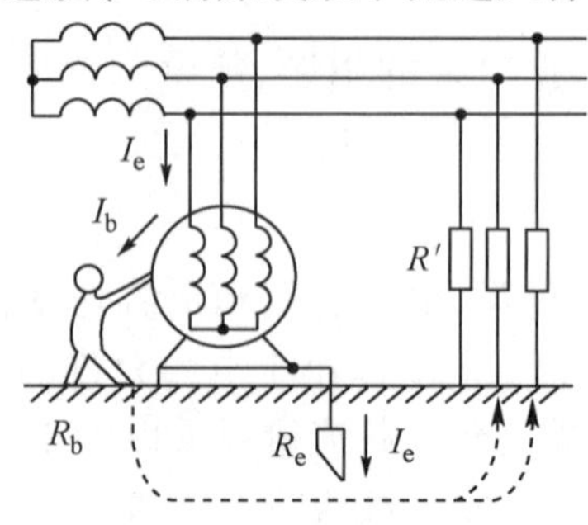

图 4-2　保护接地

根据《钢质海船入级规范》规定,电气设备保护接地的要求有:

(1)电气设备的金属外壳均需要进行保护接地。工作电压低于 50 V 不需要保护接地。

(2)当电气设备直接紧固在船体的金属结构上或紧固在船体金属结构有可靠电气连接的底座(或支架)上时,可不另设置专用导体接地。

(3)无论是专用导体接地还是靠设备底座接地,接触面必须光洁平贴,接触电阻不大于 0.02 Ω,并有防松和防锈措施。

(4)电缆的所有金属护套或金属覆层须做连续的电气连接,并可靠接地。

(5)接地导体应用铜或耐腐蚀的良导体制成,接地导体的截面积须符合规定的要求。

二、工作接地

为了设备或系统正常工作需要所采取的接地(电力系统中性点接地),如图 4-3 所示。

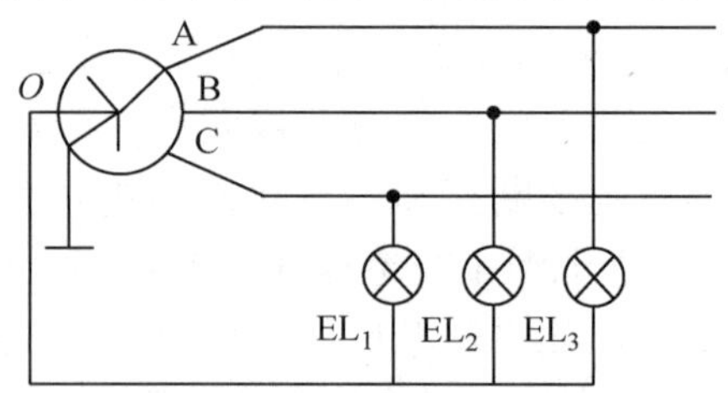

图 4-3　工作接地

《钢质海船入级规范》对船舶电气设备工作接地的要求是:

(1)工作接地与保护接地不能共用接地装置。

(2)工作接地应接到船体永久结构或船体永久连接的基座或支架上。

(3)接地点位置应选择在便于检修、维护、不易受到机械损伤和油水浸渍的地方,且不应固定在船壳板上。

(4)利用船体做回路的工作接地线的型号和截面积,应与绝缘敷设的那一级(或相)的导线相同,不能使用裸线。工作接地线应尽量短,并妥为固定,接地电阻不大于 0.01 Ω。

(5)平时不载流的工作接地线截面积应为载流导线截面积的一半,但不应小于 1.5 mm^2,

其性能与载流导线相同。

(6)工作接地的专用螺钉直径不应小于 6 mm。

三、保护接零

中性点对地不绝缘(接地)电力系统,将设备壳罩、构架与零线连接称为保护接零,如图 4-4 所示。

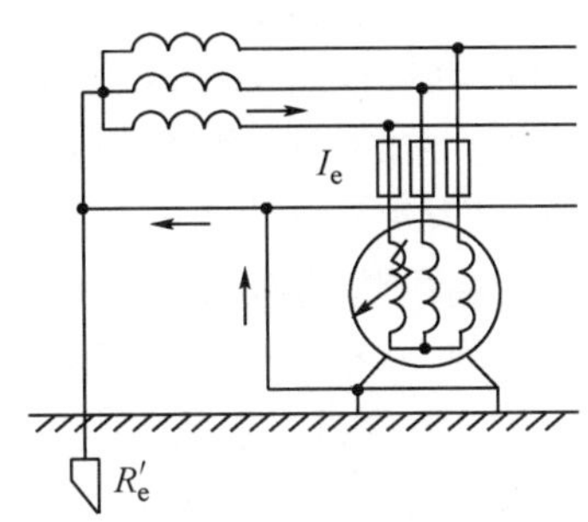

图 4-4　保护接零

注意:在陆上,中性点接地的电力系统不可用保护接地代替保护接零。

第六节　渔船电气设备绝缘

一、电气设备绝缘的意义和要求

电气设备的绝缘不仅直接影响其正常运行和使用寿命,而且影响着用电的安全。只有绝缘良好才能隔离电气设备中有不同电位的部件,才能使电流沿着一定的导体路径流通,才能保证电气设备的正常工作;只有绝缘良好才使人免遭触电,才能使人对其进行安全操作,所以要求沿用电气设备在湿热、霉菌、盐雾、油雾等恶劣的环境条件下要能保持良好的绝缘状态。电气设备的绝缘是靠各种绝缘材料(包括气体的、液体的、固体的)来实现的。对船用电气设备提出的所谓三防(防湿热,防霉菌和防盐雾、油雾)要求,基本上是针对绝缘材料而言的。而构成电气设备的材料中,绝缘材料是最薄弱的环节,电气设备的使用寿命很大程度上是取决于绝缘材料的寿命。在满足上述要求的条件下,在实际使用中影响绝缘材料寿命的主要因素是它的耐热性(或热稳定性)。许多电气设备的损坏也往往是由于绝缘材料的热击穿而引起的。因为每一种绝缘材料都有一个耐热的极限温度,超过这个极限温度将加速绝缘材料的老化,过早地失去绝缘性能;严重时会使绝缘材料迅速灼焦而引发短路或火灾。所以在使用时,电气设备中的最热点温度不能超过其绝缘材料的最高允许温度。

二、电气设备使用的额定值

1. 电气设备额定值及其意义

电气设备使用的额定值是指在给定工作条件下能保证正常运行所允许使用的电压、电流、功率、频率、温升等数据。给定(或规定)的条件主要是指前述的环境条件以及使用条件。

使用条件如连续工作制、短时工作制、重复短时工作制、频繁操作和非频繁操作等,也即在这些规定的条件下不超过额定值运行,电气设备的绝缘就不会发生电击穿或热击穿,特别是热击穿电气设备运行中的温度高低取决于它的发热和散热情况。各种电气设备(如电机、电器、电缆电线等)的发热情况,主要是将它们的各种功率损耗变成热量。这些功率损耗概括起来有铜损、铁损和机械摩擦损耗等,这些热量将使电气设备的温度升高。其中,铁损与电压(磁通)和频率有关,在额定电压和额定频率下运行时铁损是不变的固定损耗。而铜损与电流的平方成正比,随电流的大小而变,是决定电气设备温度的主要因素。

电气设备在发热的同时也向外散发热量,散热量的大小与本身的散热面积大小、通风条件、周围的温差有关。周围环境温度的温差越大,散热量也越大。当发热量大于散热量时,电气设备的温度将继续上升,当发热量等于散热量时,温度不再上升,保持稳定的温度。当电气设备停止运行时,只有散热,温度逐渐降低,直到等于周围环境温度。升温和降温都需要经历一定的时间。只要电气设备运行时的最高温度不超过其绝缘材料的最高允许温度,就不会减少它的使用寿命。电气设备的额定温升是指在额定运行状态下的最高允许温度与标准环境温度之差。

2. 电气设备按额定值工作时几点注意事项

(1)绝大多数电气设备发生短暂的过载是允许的,因为额定温升与其绝缘材料的允许温度之间都有适当的余量,而且温度升高需要一定的时间。

(2)若实际的环境温度超过规定的标准环境温度(如 40 ℃或 45 ℃),应考虑适当减载或加强冷却措施,注意清除任何妨碍散热的因素和障碍,如表面的污垢、覆盖、遮挡、通风道的阻塞等。

(3)不同工作制的电气设备不能互换代替。例如短时工作制的设备,其标准短时工作制有 15 min、30 min、60 min 和 90 min 四种。因其运行时间短,在运行期间达不到稳定温度,为充分利用绝缘材料的耐热能力,其使用的额定电流(或功率)要大于连续工作制的,使其运行的最后温度接近于绝缘材料的允许温度,所以不能以短时额定值连续运行。重复短时工作制是以 10 min 为一个运行周期重复循环,在一个周期中额定运行时达不到稳定温度,空载运行时又降至环境温度。由于它比连续运行电气设备的多了空载散热的时间,其使用的额定值也偏高,所以不能连续运行。重复短时工作制的额定负荷工作时间与工作周期之比称为负载持续率或暂载率。标准持续率有 15%、25%、40%和 60%四种。

三、常用绝缘材料的类型和等级

1. 绝缘材料的类型

绝缘材料类型很多,从形态上可分为气体、液体和固体三类。固体绝缘材料又可分为无机、有机和有机无机混合绝缘材料，以及耐高温(180 ~ 250 ℃)的硅有机绝缘材料。

无机绝缘材料，如云母、陶瓷、石棉、玻璃、大理石等，耐热性高，不燃烧，不分解。有机绝缘材料，如橡胶、树脂、虫胶、棉纱、纸、麻、丝、人造丝等，耐热性差，易老化，高温下可分解、燃烧或炭化。

有机无机混合绝缘材料，其性能取决于组成材料的性质。

人工合成的有机绝缘材料可塑性高、密度小、强度高、耐油、耐磨、易加工成型，如粉压塑料、聚氯乙烯塑料和有机玻璃等。

耐热硅绝缘材料介于有机和无机物之间的合成物质，如有机硅绝缘漆、有机硅橡胶、有机硅黏合云母板和有机硅塑料等。

2. 常用的绝缘材料

在船舶电气设备维修中，常用的固体绝缘材料有各种绝缘带(如白布带、黑胶布带、黄蜡绸带、玻璃漆布带、聚酯膜带等)、各种绝缘纸(如青壳纸、钢板纸、酚醛层压纸板、玻璃布板等)和各种绝缘套管等；常用的绝缘漆有两类，即浸漆用的各种牌号的清漆和覆盖用的各种牌号的磁漆。

3. 绝缘材料的耐热等级

按最高允许温度的不同，将各种绝缘材料划分为 7 个不同的耐热等级，如表 4-1 所列。船舶电机多为 E 级和 B 级绝缘材料。

表 4-1　几种常用的绝缘材料的耐热等级

耐热等级	最高允许工作温度(℃)	相当于该耐热等级的绝缘材料简述
Y	90	用未浸渍过的棉纱、丝及纸等材料或其组合物所组成的绝缘结构
A	105	用浸渍过的或浸在液体电介质(如变压器油中的棉纱、丝及纸等材料或其组合物所组成的绝缘结构)
E	120	用合成有机薄膜、合成有机磁漆等材料其组合物所组成的绝缘结构
B	130	用合适的树脂黏合或浸渍、涂覆后的云母、玻璃纤维、石棉等，以及其他无机材料、合适的有机材料或其组合物所组成的绝缘结构
F	155	用合适的树脂黏合或浸渍、涂覆后的云母、玻璃纤维、石棉等，以及其他无机材料、合适的有机材料或其组合物所组成的绝缘结构
H	180	用合适的树脂(如有机硅树脂)黏合或浸渍、涂覆后的云母、玻璃纤维、石棉等材料或其组合物所组成的绝缘结构
C	180 以上	用合适的树脂黏合或浸渍、涂覆后的云母、玻璃纤维，以及未经浸渍处理的云母、陶瓷、石英等材料或其组合物所组成的绝缘结构

本章思考题

1. 根据什么确定渔船电气设备的防护等级？
2. 简述渔船火灾自动报警系统的一般技术要求。
3. 渔船电气设备接地的意义和要求是什么？
4. 渔船电气设备的船用条件是什么？

附录　渔船电气考试大纲

相关说明

（一）表中“一级”“二级”“三级”分别对应主机总功率在“750 千瓦以上”“250 ~ 750 千瓦”“50 ~ 250 千瓦”的渔业船舶；

（二）表中“○”对应“了解”层次，“◎”对应“熟悉”层次，“●”对应“掌握”层次。

考核知识点	适用对象					
	一级轮机长	二级轮机长	三级轮机长	一级管轮	二级管轮	助理管轮
一、渔船电子、电气基础						
1. 电路						
（1）电路的基本物理量及单位				●	●	●
（2）电路基本定律						
①欧姆定律				●	●	●
②基尔霍夫定律	◎	◎	◎			
（3）电路连接方式				●	●	●
2. 正弦交流电路						
（1）正弦交流电的基本概念	●	●	●	●	●	●
（2）交流电路中电阻、电感、电容元件	◎	◎	◎	◎	◎	◎
（3）三相交流电源基本概念	●	●	●	●	●	◎
（4）三相负载的连接方式	◎	◎	◎	○	○	○
3. 电与磁						
（1）磁场的基本概念	◎	◎	◎	◎	◎	◎
（2）电磁感应定律	○	○	○	○	○	○
（3）渔船常用铁磁材料分类、性能	○	○	○	○	○	○
4. 半导体基础理论与整流电路	●	●	○	●	●	●
二、渔船电机与电力拖动系统						
1. 直流电机						
（1）直流电机的工作原理	◎	◎		○	○	

（续表）

考核知识点	适用对象					
	一级轮机长	二级轮机长	三级轮机长	一级管轮	二级管轮	助理管轮
(2)直流电机的构造、励磁方式	●	●		◎	◎	
(3)直流电机的运行特性、起动、调速及反转	◎	◎		○	○	
2. 变压器						
(1)变压器的基本结构与工作原理				●	●	●
(2)三相变压器的组成与应用				◎	◎	◎
(3)电压、电流互感器的应用与要求				◎	◎	◎
3. 异步电动机						
(1)异步电动机的概述	◎	◎	◎	○	○	○
(2)三相异步电动机的结构和铭牌参数	●	●	●	◎	◎	◎
(3)三相异步电动机的工作原理	◎	◎	◎	○	○	○
(4)三相异步电动机的工作特性	◎	◎	◎	○	○	○
(5)三相异步电动机的起动、调速、反转与控制	◎	◎	◎	○	○	○
4. 控制电机及在渔船上的应用：伺服电动机、测速发电机、电动转速表、自整角机、舵角指示器及电车钟	◎	◎	◎	○	○	○
5. 渔船常用控制电器						
(1)常用控制电器的电路符号、结构原理和功用	●	●	●	◎	◎	○
(2)继电器、接触器、电磁制动器的参数整定	◎	◎	◎	◎	◎	○
6. 异步电动机常用控制电路						
(1)电动机的基本保护环节	●	●	●	◎	◎	○
(2)电动机控制电路的基本控制环节	●	●	●	◎	◎	○
(3)异步电机的典型控制电路						
①电动机正反转控制电路	◎	◎	◎	◎	◎	○
②海(淡)水柜水位自动控制电路	◎	◎	◎	◎	◎	○
③空压机自动控制电路	●	●	●	◎	◎	○
④异步电机 Y - △换接起动控制电路	◎	◎	◎	◎	◎	○
(4)锚机、绞缆机电力拖动控制系统						
①锚机、绞缆机的运行特点	◎	○	○	○	○	○
②锚机、绞缆机对电力拖动控制的要求	◎	○	○	○	○	○

（续表）

考核知识点	适用对象					
	一级轮机长	二级轮机长	三级轮机长	一级管轮	二级管轮	助理管轮
三、渔船发电机和配电系统						
1. 渔船电力系统的基本概念						
(1)渔船电力系统的组成与特点	◎	◎	◎	◎	◎	○
(2)渔船电力系统的基本参数	◎	◎	◎	◎	◎	○
(3)渔船电网分类、配电方式、电力系统的线制	◎	◎	◎	◎	◎	○
2. 渔船主配电板的组成、功能及重要负载的供电方式	●	●	●	●	●	○
3. 三相交流同步发电机						
(1)三相交流同步发电机的构造与工作原理	◎	◎	◎	◎	◎	○
(2)同步发电机的空载运行及空载特性	◎	◎	◎	◎	◎	○
(3)同步发电机的负载运行及电枢反应	◎	◎	◎	◎	◎	○
(4)同步发电机的外特性及调节特性	◎	◎	◎	◎	◎	○
4. 发电机主开关的基本结构和功能	◎	◎	◎	◎	◎	○
5. 同步发电机的并联运行的条件及并车的操作方法	◎	◎		◎	◎	◎
6. 并联发电机组有功功率分配与调节						
(1)同步发电机组调速器及调速特性	●	●		◎	◎	◎
(2)并联同步发电机组有功功率分配与调节的基本工作原理	●	●		◎	◎	◎
(3)并联同步发电机组有功功率分配与调节手动操作方法	●	●		◎	◎	◎
7. 同步发电机自励恒压装置与并联运行发电机组的无功功率分配						
(1)自励恒压装置的作用和基本要求	◎	◎		◎	◎	◎
(2)不可控相复励自励恒压装置	◎	◎		◎	◎	◎
(3)可控相复励自励恒压装置	◎	◎		◎	◎	◎
(4)并联运行发电机组的无功功率分配的基本工作原理	◎	◎		◎	◎	◎
(5)同步发电机自励恒压装置与发电机组的无功功率分配手动调节的方法	◎	◎		◎	◎	◎
8. 渔船应急电源系统						

（续表）

考核知识点	适用对象					
	一级轮机长	二级轮机长	三级轮机长	一级管轮	二级管轮	助理管轮
(1)应急发电机与应急配电板功能、操作与管理要求	◎	◎	◎	◎	◎	○
(2)船用蓄电池及其充、放电设备的维护保养	◎	◎	◎	◎	◎	○
9. 电站运行的安全保护						
(1)渔船发电机外部短路、过载、欠压和逆功率保护的原理	●	●	●	◎	◎	○
(2)渔船电网短路、过载保护的原理	●	●	●	◎	◎	○
(3)电网绝缘监视系统的工作原理及参数的调整	●	●	●	◎	◎	○
(4)渔船岸电接用的操作注意事项	●	●	●	◎	◎	○
10. 渔船照明系统						
(1)渔船照明系统的分类和特点				●	●	●
(2)渔船常用灯具、电光源及控制线路				●	●	●
(3)渔船照明系统的维护保养				●	●	●
11. 渔船自动化电站	○	○		○	○	
四、安全用电						
1. 渔船安全用电常识	●	●	●	●	●	●
2. 渔船电气火灾的预防	●	●	●	●	●	●
3. 渔船电气设备的船用条件及船检规定	●	●	●	●	●	●
4. 渔船电缆的安全使用与维护	●	●	●	●	●	●
5. 渔船电气设备接地的意义和要求	●	●	●	●	●	●
6. 渔船电气设备绝缘	●	●	●	●	●	●

参考文献

[1] 秦曾煌. 电工学:上册. 北京:高等教育出版社,1999.
[2] 史际昌. 船舶电气设备及系统. 大连:大连海事大学出版社,1998.
[3] 单海校. 船舶电气. 北京:中国农业出版社,2017.
[4] 刘国平. 渔船轮机及电气设备. 北京:海洋出版社,2004.
[5] 郑华耀. 船舶电气设备及系统. 大连:大连海事大学出版社,2005.
[6] 阮礽忠. 船舶电气设备维修指南. 北京:人民交通出版社,2000.
[7] 赵殿礼. 船舶电气设备与系统. 大连:大连海事大学出版社,2009.
[8] 林洪贵. 船舶电站. 西安:西安交通大学出版社,2015.
[9] 中国船级社. 钢质内河船舶入级与建造规范. 北京:人民交通出版社,2007.
[10] 中华人民共和国渔业船舶检验局. 钢质海洋渔船建造规范. 北京:人民交通出版社,2015.